女性発の働き方改革で男性も変わる、企業も変わる

小島 明子「著」 井熊 均「監修」

経営書院

はじめに

　「女性発の働き方改革」という切り口は小島さんと何度か話し合って決めた。本書でも述べているが、小島さんとは株式会社日本総合研究所（以下、日本総合研究所）創発戦略センターでの経験を共有している。第三章では、小島さんが社会で活躍する11人の女性にインタビューした内容を紹介している。お一人お一人が工夫を凝らして仕事と生活の両立を図られていることには頭が下がる想いだ。この中には創発戦略センターのメンバー（過去、在籍していたメンバー含む）も含まれているので、個人的には日常的話も少なくないが、それでも、彼女達の日々の奮闘は、時として、まるで修行僧のように映る。

　振り返って、我々男性は彼女達ほどの工夫をして毎日を過ごしているだろうか。もちろん、毎日仕事に家庭に全力を尽くされている方はたくさんおられる。しかし、与えられた環境を所与のものとして働いている面があることは否定できなくはないか。我々男性は、学校を出て就職活動をすれば、どこかの企業に採用されて、周りの人と同じように働く機会が与えられた。それに対して、女性はそもそも採用から不利な環境を与えられ、会社の中でも昇進などで過去に十分な実績が無く、本書でも紹介されている通り、家事や子育ての負担を多く背負い、自分なりの仕事の仕方を作り上げてきた。

　日本企業は労働力の面でこれから難しい時代を迎える。新人の数が減り、高齢者が増え、外国人社員も増えることは間違いない。これまでのように仕事に身を捧げるような姿勢を求めることはできず、個々人の健康と生活を守ることが大前提となる。その中で、中国を始めとする力を増すアジア勢、欧米の企業と競い合い、成長していかなくてはならない。企業としての付加価値と生産性を高められなければ埋没は免れまい。これからの時代、その源泉となるのは、個々人の価値観や生活と一体となった付加価値である。女性達が重ねてきた苦労と歴史に学ぶ姿勢を持つことは、企業はもとより、個々の男性ビジネスマンにおいても、仕事の付加価値を高め、生活を充実させることにつながる可能性がある。

　本書の題には、こうした想いがある。

　本書は小島さんのデータと想いを駆使した渾身の作である。第一章では、一般的なデータも使いながら働き方改革を取り巻く情勢を整理している。第二章では、日本総合研究所が独自に行った調査を中心に働く女性を取り巻く

状況を分析している。第三章では、11人の女性に登場してもらい、仕事と生活のバランスや考えかたを披露して頂いている。その上で、第四章と第五章では、働き方改革への小島さんの想いや期待を論じている。本書が、わずかでも、女性のますますの活躍、男性を含めた働き方改革の進展、仕事と生活の適切なバランスの実現、そして、日本企業の付加価値と成長に寄与できることがあれば、喜びに耐えない。

　本書では多くの方にお世話になった。

　まずは、第三章のインタビュー等を中心に協力頂いた、薄井シンシアさん、櫻井　香織さん、久継　尚子さん、舟生　美幸さん、吉澤　涼子さん日本総合研究所の社員の方々に御礼を申し上げたい。皆さんが披露してくれた話は多くの人に感銘とヒントを与えるはずだ。また、本書のインタビューへの協力及び日本総合研究所に在籍中に第二章の調査の設計に協力を頂いた小崎　亜依子さん、日本総合研究所に在籍中に第二章の調査の設計・分析に協力を頂いた林　寿和さんに御礼を申し上げたい。

　そして、日々ご指導いただいている足達理事、我々の日頃の業務にご支援を頂いている日本総合研究所に御礼を申し上げたい。

　最後に、本書の企画からご指導をいただいた株式会社産労総合研究所　出版部　経営書院・人事実務編集長　吉田貴子様に御礼を申し上げたい。

　　監修者
　　井熊　均

目次

第一章 なぜ、女性発の働き方改革なのか ……… 1

(1) 女性の活躍なしで成り立たない日本社会 ……… 1
- 日本が直面する労働人口不足時代 ……… 1
- 欧米に比べ遅れている女性の活躍 ……… 2
- 女性活躍推進法を契機に動き出した日本企業 ……… 4
- 女性の活躍に課題を抱える首都圏 ……… 5

(2) 働き方改革はなぜ必要か ……… 6
- 多様な人材なくして企業の成長なし ……… 6
- 女性は仕事と生活の両立が必須条件 ……… 7
- 介護負担に直面する中高年 ……… 8
- 定年後20年の過ごし方に悩む中高年社員 ……… 9

(3) 女性発にこだわる理由 ……… 10
- 働く女性が増えると組織が変わる ……… 10
- 女性が生み出す多様な働き方モデル ……… 11
- 時間に制約のある女性が創る効率的な働き方 ……… 13
- 人生100年時代に向けたキャリアプラン ……… 16

第二章 「高学歴女性の働き方調査」、「男性管理職の意識調査」から見えた日本の課題（日本総合研究所独自調査）……… 22

(1) 仕事と子育ての両立が難しい高学歴女性 ……… 22
- 結婚・出産を経験した高学歴女性の約8割が正規雇用から離職・転職 ……… 22
- 共働き夫婦でも妻に家事・育児負担が集中 ……… 26
- 高学歴女性の半数が働き続けた職場は勤務時間が柔軟 ……… 27
- 女性の就業継続のため必要な職場環境と男性の育児・家事参加 ……… 28

(2) 仕事のやりがいを重視する高学歴女性 ……… 28
- 労働価値観を構成する9つの回答結果 ……… 28
- 結婚・出産でも変わらぬ仕事を通じた自己成長への意欲 ……… 29
- 結婚・出産後はハードワークへの意欲が低下 ……… 30
- 女性管理職を増やすために必要なテレワークと透明な人事評価 ……… 30

(3) 超高学歴女性が抱える仕事と子育ての両立の負担 ……… 34
- 正規雇用、管理職比率が高い超高学歴女性 ……… 34

- ・超高学歴女性が少子化傾向 …………………………………… 36
- ・世帯主として働く超高学歴女性は少ない ………………… 38
- ・決めこまやかな子育て支援が優秀な女性人材の離職を減らす ………… 39

(4) 女性の活躍の壁となる男性管理職 …………………………… 39
- ・男性管理職の約9割が女性登用に賛成 ……………………… 39
- ・昇進のために長時間労働が止められない男性管理職 ……………… 40
- ・女性部下との仕事のやりづらさを感じる男性管理職 ……………… 41
- ・男性管理職の意識変革のために必要な啓発活動 …………………… 43

第三章　事例で見る、働き方改革を牽引する女性たち ……… 51

(1) 組織のなかで新たな働き方を創出する女性たち ……………… 51
- ・ライフステージに応じて、最大の価値を出す（Aさん　大手企業で調査研究の仕事に携わり、転職経験はない。40代前半で二人の子どもを持つ。）……… 51
- ・家事投入時間の削減をし、仕事と子育てを両立（Bさん　研究者として働き始め、転職経験を持つ。40代前半で三人の子どもを持つ。）………… 54
- ・夫の単身赴任で日々の育児・家事を一人でこなす（Cさん　大手企業で総合職として営業企画の仕事に携わり、転職経験はない。40代半ばで一人の子どもを持つ。）………………………………………… 57
- ・メリハリある働き方で生産性向上を徹底（Dさん　大手企業で総合職として広報の仕事に携わり、転職経験を持つ。40代前半）…………… 59
- ・職種転換制度を利用して新たな挑戦へ（Eさん　大手企業で総合職として人事系コンサルティングの業務に携わり、転職経験を持つ。50代。）……… 61
- ・女性初で頑張り続けて、管理職として道を切り拓く（Fさん　男女雇用機会均等法施行前に某メーカーに一般職として入社し、現在は管理職として働く。転職経験はない。50代で一人の子どもを持つ。）………… 63

(2) 組織に囚われず新たな働き方を模索する女性たち ……………… 65
- ・17年間の専業主婦の経験を活かし、管理職として転身（日本コカ・コーラ株式会社オリンピックホスピタリティ責任者　薄井シンシアさん）……… 65

- ・専業主婦からパート、会社員として再就職（株式会社Warisワークアゲイン事業統括　小崎　亜依子さん）……………………………………… 70
- ・子育てのために、会社員を離職、フリーランスを経て、会社員として再就職（サイボウズ株式会社ビジネスマーケティング本部　久継　尚子さん）…… 73
- ・会社員時代に副業をしながらフリーランスへ転身（イラストレーター吉澤涼子さん　ペンネーム：はまぐり　涼子さん）……………………………… 77
- ・転職を機にNPO職員の仕事をしながらパラレルワークに挑戦（米国CCE.Inc.認定　GCDF-Japanキャリアカウンセラー　女性労働協会認定講師・高校生進路支援講師・NPO法人職員　櫻井　香織さん）…………………… 81

（3）女性初の働き方改革を促す5つの条件 …………………………… 84
- ・成長意欲のある女性人材の活躍推進 ……………………………… 84
- ・時間の制約に捉われずに働ける職場環境 ………………………… 84
- ・働く女性に対する男性管理職と配偶者（夫）の理解 …………… 85
- ・副業・兼業の選択の自由 …………………………………………… 86
- ・働く女性を支援するサービス ……………………………………… 87

第四章　女性発の働き方改革で男性も変わる …………………… 92

（1）組織に閉じ込められてきた男性 …………………………………… 92
- ・男性は育児休業を取りづらい ……………………………………… 92
- ・男性は有給休暇を取得しない ……………………………………… 93
- ・定年後も同じ会社で働きたいと願う中高年男性 ………………… 94
- ・歳を取っても変わらない中高年の自己成長への意欲 …………… 96
- ・中高年の意欲が活かせない職場環境 ……………………………… 98

（2）男性中心では変われない職場 ……………………………………… 100

（3）中高年男性を幸せにする女性発の働き方改革 …………………… 103
- ・幾つになってもやりがいのある仕事を …………………………… 103
- ・仕事中心型から生活との両立型にシフト ………………………… 103
- ・家事参画を通じた円満な夫婦関係 ………………………………… 104
- ・副業・兼業で新たなチャンスを獲得 ……………………………… 106
- ・働く中高年を支援するサービスの拡大 …………………………… 108

第五章　女性発働き方改革に向けた10の提言 ……………………… 115
（1）人事評価の透明化 ………………………………………………… 115
（2）リゾート＆リモートワークの推進　…………………………… 117
（3）多様な育児休業取得者への支援 ………………………………… 120
（4）コース別雇用管理制度（総合職・一般職等）の改革 ………… 122
（5）副業・兼業の解禁 ………………………………………………… 124
（6）残業削減・休暇取得へのインセンティブ ……………………… 126
（7）主婦人材の再就職の受け入れ …………………………………… 128
（8）男性の家事・育児能力向上のための支援 ……………………… 131
（9）働く女性の地域活動（PTA活動等）の負担軽減 ……………… 133
(10)仕事の生産性を高める脳トレーニング ………………………… 136

なぜ、女性発の働き方改革なのか

（1）女性の活躍なしで成り立たない日本社会

・日本が直面する労働人口不足時代

　国立社会保障・人口問題研究所「日本の将来推計人口　平成29年推計」によれば、日本の生産年齢人口（15～64歳の人口）は、1995年の8,726万人をピークに減少し続け、2015年には7,728万人となっている。将来の生産年齢人口は、出生中位推計の結果によれば、平成41（2029）年、平成52（2040）年、平成68（2056）年にはそれぞれ7,000万人、6,000万人、5,000万人を割り、平成77（2065）年には4,529万人となることが指摘されている。多くの日本の企業にとって、今と同じような働き手の確保は難しくなることが予想される。

　近年の生産年齢に属する男女別の就業状況を比べると、男女とも上昇しているものの、女性の上昇率が著しい。しかし、15～64歳の男性の就業率は、平成28年で82.5％であるのに、女性の就業率は66.0％と、男性に比べ女性の就業率はいまだに低いのが実状だ。

　女性の年齢階級別労働力率を見ると、昭和51年は、25～29歳がいわゆるM字カーブの底となり、労働力率は44.3％であった。しかし、同年代の労働力率は徐々に上がり、平成28年の25～29歳の労働力率は81.7％まで上昇し、年齢階級別で最も高くなり、35～39歳の労働力率（71.8％）がM字カーブの底となった。現在でも「M字カーブ」は描いているものの、労働力率は上昇し、M字の底は以前に比べだいぶ浅くなってきている（内閣府「男女共同参画白書（平成29年版）」）。

　「M字カーブ」が発生する主な要因として、結婚・出産等のライフイベントを事由に、女性が離職をし、労働力率を下げてしまうことが指摘されている。「M字カーブ」の底は浅くなってきたものの、結婚・出産等で離職をする女性を減らすことで、労働力を確保できる余地は十分残されているといえる。

第一章　なぜ、女性発の働き方改革なのか

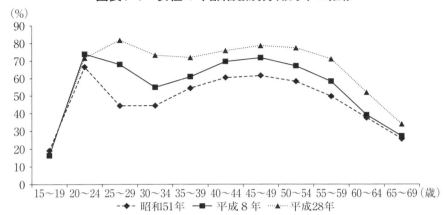

図表1-1　女性の年齢階級別労働力率の推移

出所：内閣府「男女共同参画白書（平成29年版）」

　さらに、離職している女性の中でも再就職を希望する女性は少なくないことも重要な視点だ。女性の非労働力人口2,845万人のうち、274万人が就業を希望していることも明らかになっている。274万人の女性が、現在求職活動をしていない理由としては、「出産・育児のため」（33.0％）が最も多い（総務省「労働力調査（詳細集計）（平成28年）」）。このことからは、時間に制約のある女性が再就職しやすい環境を整えることで、再就職を促すことは十分可能であると考えられる。

　今後、労働力人口不足の問題を解消するためには、女性人材の活躍の場を増やしていくことが求められる。そのためには、結婚・出産等ライフイベントを事由に離職をする女性を減らすことと、すでに離職してしまった女性の再就職を促すことが必要である。

・欧米に比べ遅れている女性の活躍

　政府の男女共同推進参画本部が、2003年に「社会のあらゆる分野において、2020年までに、指導的地位に女性が占める割合が、少なくとも30％程度となるよう期待する」との目標を決定し、2012年12月に発足した第二次安倍内閣では、「女性活躍」を政府の最重要課題とし、女性の活躍推進に向けて取り組みを進めてきた。

　直近では、第4次男女共同参画基本計画（平成27年）の中で、あらゆる分

第一章　なぜ、女性発の働き方改革なのか

図表1-2　2020年までの成果目標（一部）

項目	現状	成果目標（期限）
上場企業役員に占める女性の割合	2.8％（平成27年）	5％（早期）、更に10％を目指す
民間企業の部長相当職に占める女性の割合	6.0％（平成26年）	10％程度（平成32年）
民間企業の課長相当職に占める女性の割合	9.2％（平成26年）	15％（平成32年）
民間企業の係長相当職に占める女性の割合	17.2％（平成26年）	25％（平成32年）
25〜44歳の女性就業率	70.8％（平成26年）	77％（平成32年）

出所：第4次男女共同参画基本計画（平成27年）

野で女性の活躍推進に係る2020年までの成果目標を掲げている。

しかし、役職者に占める女性の割合は、長期的には上昇傾向にあるものの、上位の役職になるほど女性の割合は低い。特に役員比率は非常に少なく、1割に満たないのが現状である。

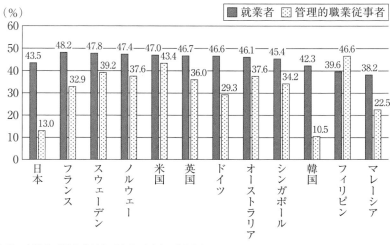

図表1-3　就業者及び管理的職業従事者に占める女性の割合（国際比較）

出所：内閣府「男女共同参画白書（平成29年版）」

諸外国と比べても、日本の女性の活躍は進んでいるとは言えない。就業率については大きな差はないものの、日本の管理的職業従事者に占める女性の割合13.0％は諸外国と比べて非常に低い水準となっている。

では、日本の女性は諸外国に比べてビジネスで活躍するための潜在力がないのだろうか。2017年10月、世界経済フォーラム（World Economic Forum）は、「The Global Gender Gap Report 2017」の中で、国ごとの男女格差を測るジェンダー・ギャップ指数（Gender Gap Index：GGI）を公表している。ジェンダー・ギャップ指数は、女性の地位を経済、教育、政治、健康の４分野で分析したものだが、日本の順位は調査対象144カ国のうち114位で、前年の111位に比べて３位も下がる結果となった。日本のジェンダー・ギャップ指数は、教育や健康に関する水準は平均以上であるものの、女性の経済活動や政治への関与が低いことが特徴である。

諸外国に比べて、教育レベルは十分高いものの、経済や政治の場では十分活躍できていない、と捉えれば日本の女性には今後活躍の場を広げる余力があると言えるのではないだろうか。

・女性活躍推進法を契機に動き出した日本企業

平成28年４月１日には、「女性の職業生活における活躍の推進に関する法律」（平成27年法律第64号、以下「女性活躍推進法」）が施行された。常時雇用する労働者が301人以上の事業主は、自社の女性の活躍に関する状況把握・課題分析、状況把握・課題分析を踏まえた行動計画の策定・届出・公表、および女性の活躍に関する情報の公開が義務付けられた（労働者が300人以下の事業主については努力義務）。

「女性活躍推進法」では、一般事業主行動計画の策定及び策定した旨の届出を行った企業のうち、一定の基準を満たし、女性の活躍推進に関する状況等が優良な企業を厚生労働大臣が認定することになっている。認定を受けた企業は、認定マーク（愛称「えるぼし」）を商品や広告、名刺、求人票などに使用し、女性の活躍を推進している事業主であることをアピールすることができる。さらに、「公共調達における加点評価」と「日本政策金融公庫による低利融資」の対象になることから、公共調達や資金調達の点でもメリットを得ることができる。

厚生労働省は、女性活躍推進法に基づく行動計画等の公表先として、「女性の活躍・両立支援総合サイト」内に「女性の活躍推進データベース」のウェ

ブサイトページを設け、企業が情報の掲載や更新の場として利用ができるようにしている。

現在、「女性の活躍推進データベース」を利用し、女性の活躍に関するデータを公表している企業数は8,641社、女性の活躍推進行動計画を公表している企業は10,180社に上る（2018年1月29日時点）。「女性の活躍推進企業データベース」に登録を行ったことで、女子学生の応募が増え、優秀な人材の採用につながった、取引先や顧客からの評価が向上し、イメージアップにつながった、株価指数に採用されたなどの効果が上がっている企業も出てきている。加えて、平成28年5月31日時点の「えるぼし」認定企業は46社であったが、平成29年12月31日時点では499社まで増加をしている。

女性活躍推進法の施行を契機に、多くの企業が女性の活躍推進に向けて動き出している状況が窺える。今後は、行動計画の中で策定した目標を達成することも含め、企業の中で、女性の活躍が自然体で根付いていくことが課題となると考えられる。

・**女性の活躍に課題を抱える首都圏**
国内の女性活躍推進状況を見ると、都道府県によって状況は大きく異なっている。ここでは、第二章の中でも取り上げる、首都圏（東京都、神奈川県、埼玉県、千葉県）の女性活躍推進状況に着目する。

都道府県の中で、女性の有業率（働いている人の割合）が最も高いのは、1位　福井県（53％）、2位　東京都（52.2％）、石川県（52.2％）である。神奈川県（48.4％）、埼玉県（48.1％）、千葉県（47.9％）は各々、22位、25位、27位となっており、東京都以外の首都圏3県の順位は高くはない（総務省「平成24年就業構造基本調査」）。

一方、共働き世帯の割合が高いのは、1位　福井県（58.8％）、2位　山形県（57.4％）、3位　石川県（55.0％）であり、有業率でトップレベルだった東京都（44.0％）は37位まで下がり、埼玉県（43.7％）は39位、千葉県（42.4％）は42位、神奈川県（41.4％）は43位とさらに順位を下げている（総務省「平成24年就業構造基本調査」）。

これらのデータからは、首都圏、特に東京都は、女性の有業率はトップクラスであるものの、共働き率が低いことが特徴として挙げられる。

さらに、東京都を中心に首都圏の少子化傾向が強いことも大きな特徴であ

る。出生率が最も低いのは、東京（1.24％）であり、千葉県（1.35％）、神奈川県（1.36％）、埼玉県（1.37％）も、出生率の低さの順位で7位以内には入っている（厚生労働省「平成28年人口動態統計」）。

　首都圏の出生率の低さは、保育園の入所問題等、仕事と子育ての両立が難しいことと無関係ではないと考えられる。厚生労働省「平成28年4月1日全国待機児童マップ（都道府県別）」によれば、待機児童数が最も多いのは東京都の8,466人で、5,000人を超える唯一の自治体である。千葉県1,460人、埼玉県1,026人も1,000人を超えている。

　有業率の高さと比べ、共働き率や出生率が低いことを踏まえると、首都圏に住む女性にとって、仕事と子育ての両立は難しく、子どもを持つことと仕事を続けることがトレードオフの関係になっている可能性がある。

　東京都は、大学の数・大学生の数ともに47都道府県中最多で、有名大学をいくつも抱えている（文部科学省「文部科学統計要覧（平成28年版）」）。都内の大学・大学院生を卒業した高学歴の女性が、卒業後の進路として東京に本社を置く企業を選ぶ場合が多いと想定すると、優れた人材の活躍の場を増やすためにも、首都圏に勤める女性が抱える課題の解消が求められる。

（2）働き方改革はなぜ必要か

・多様な人材なくして企業の成長なし
　ここ数年、ダイバーシティ経営という言葉が普及し、女性を始めとする多様な人材の活躍が企業にとって重要だ、という認識が広まっている。

　世論調査によれば、政治・経済・地域などの各分野で、女性の参加が進み、女性のリーダーが増えることによる影響として、「男女問わず優秀な人材が活躍できるようになる」（65.0％）と回答した人の割合が最も多く、続いて、「女性の声が反映されやすくなる」（55.9％）、「多様な視点が加わることにより、新たな価値や商品・サービスが創造される」（42.8％）となっている（内閣府「平成26年　女性の活躍推進に関する世論調査」）。女性の活躍が重要であることが、企業だけではなく、社会の中で認識をされていることがわかる。

　では、なぜ企業は多様な人材を必要としているのだろうか。

　1つ目の理由は、第一章（1）でも述べた労働人口の減少である。ある外食チェーンが人手不足により一部の店舗を閉店する報道が流れたことがあった

ように、人手不足に直面している企業は少なくない。特に、中堅、中小企業の人手不足は深刻で、建設、サービス（宿泊・飲食、介護・看護、運輸）等を中心に全業種で人手不足感が強まっていることが明らかになっている（中小企業基盤整備機構「第145回中小企業景況調査」）。多くの企業にとって、事業を存続させるために、人手の確保は喫緊の課題であり、女性を始め幅広い層からの人材の確保が求められている。

　2つ目の理由は、グローバル化に伴う競争力の激化である。技術革新や新興国の台頭などにより世界経済の情勢は大きく変貌している。日本企業が今後も競争力を維持・向上させていくためには、多様な層の消費者のニーズを捉えた製品・サービスを創出するイノベーション能力が必要である。そのためには、従来のような同質的な価値観を持つ人材（主に男性）により構成された組織ではなく、多様な価値観を持つ人材により構成される組織を作り上げなくてならない。

　3つ目の理由は、ESG投資（Eは環境、Sは社会、Gはガバナンスを意味する。）の広がりである。諸外国では年金基金など多くの機関投資家がESG投資を行っている。ESGのSの中には、女性を含め多様な人材活躍に向けた取り組みが評価項目として含まれている。世界のESG投資額は、2014年から2016年までの2年間で25.2%増加し、22兆8,900億米ドルに上っている（GSIA "2016 Global Sustainable Investment Review"）。多様な人材の活躍を進める企業が、資本市場の中での評価される時代になってきているのである。

　今後、女性を始めとする多様な人材の活躍に向けて取り組むことが、将来の企業の価値を占う要素となっている。

・女性は仕事と生活の両立が必須条件

　国内では、第一子出産を機に約半数の女性が、出産・育児を理由に離職をしており、女性の仕事と家庭の両立できる環境整備は、就業継続を行う上での重要な課題となっている（国立社会保障・人口問題研究所「第15回出生動向基本調査」）。

　内閣府「ワーク・ライフ・バランスに関する個人・企業調査（平成26年）」では、第一子妊娠時に出産後も就業継続したいと思っていたが第一子1歳時点で就業継続しなかった女性、に対して理由を尋ねている。最も多いのは、「認可保育園・認証保育園に子どもを預けられれば」継続できたという回答（55.9％）である。つづいて、「短時間勤務等、職場に育児との両立支援制

度があれば」継続できた（44.5％）、「職場に仕事と家庭の両立に対する理解があれば」継続できた（42.4％）といった回答となる。企業という視点でみれば、仕事と家庭を両立する環境が整備されていないことが問題となっている。

就業を継続できたとしても、仕事と家庭の両立が女性にとって負担であることに変わりはない。「平成26年度出産・育児等を機に離職した女性の再就職等に係る調査研究事業」（三菱UFJリサーチ＆コンサルティング株式会社厚生労働省委託調査）によると、就業継続した女性のうち、子どもが小さいうちは、正社員は「フルタイムだが残業のない仕事」、フルタイムの非正社員は「短時間勤務・短日勤務制度」を希望する割合が高い。しかし、実際には、正社員、フルタイムの非正社員とも「残業もあるフルタイムの仕事」に従事している割合が高くなっている。

仕事と家庭を両立するために、残業のない働き方や短時間勤務での働き方を希望する女性が多いにもかかわらず、就業を継続した女性の多くがフルタイムかつ残業のある働き方を求められているのである。

より多くの女性が、仕事と家庭を両立しながら就業を続けられるようにするためには、育児休業を取得した後に、女性の希望に沿った働き方を選択できる職場環境の整備が必要である。

・介護負担に直面する中高年

総務省「平成24年就業構造基本調査」によると、過去１年以内（平成23年10月から平成24年９月）に介護・看護のために離職した人は約10万人に上る。少子高齢化の進行に伴い、男女を問わず介護負担が増えることが予想される。

働く中高年を中心に介護負担が増えれば、多くの人が仕事と介護の両立が困難となり、介護離職に至るリスクが高まる。現在介護が必要な親がいる、あるいは、近々介護が必要となる可能性がある親を持つ51から60歳の管理職の割合は半数を超えることが明らかになっている。（公益財団法人ダイヤ高齢社会研究財団「超高齢社会における従業員の働き方と企業の対応に関する調査（平成26年）」）

しかし、実際に介護に直面した時、仕事と介護を両立できる職場は少ない。「平成24年度　仕事と介護の両立に関する実態把握のための調査研究事業報告書」（三菱UFJリサーチ＆コンサルティング株式会社　厚生労働省委託調査）によると、男女共に手助・介護を機に仕事を辞めた人の約６割が、仕事

と手助・介護の両立が難しい職場だったことを理由に挙げている。手助・介護を機に仕事を辞めた時の就業継続の意向を見ると、「続けたかった」人の割合は、男性（56.0％）、女性（55.7％）に達しており、男女を問わず離職した人の半数以上が仕事と介護の両立という希望が叶わなかったことが分かる。

　介護は子育てと異なり将来予測が困難で長期間にわたる可能性がある。介助者が中高年の場合は年齢の問題から一度離職をしてしまうと再就職は容易ではない。日頃から個人の事情に応じた職場環境を提供することは、介護問題に直面した従業員の介護離職のリスクを減らすことにつながる。

・定年後20年の過ごし方に悩む中高年社員

　現在、日本人の平均寿命は、男性約80歳、女性約87歳に達しており、日本は超高齢化社会を迎えている（「平成27年簡易生命表」（厚生労働省））。働いている人たちの多くが、定年を延長して働き続けることを選んだとしても、体力の衰えから、現役時代と同じようなライフスタイルで働き続けられる人は少ない。超高齢化社会を踏まえた就業環境をつくるためには、職場以外での環境づくりも重要になっている。

　OECD「Society at a Glance 2005」によると、（家族以外）の友人、同僚、その他の人々と交流をしていない人の割合は、日本が最も高いことが明らかになっている。男女を問わず、地域社会などで多様な人々と交流する時間を過ごしている人が諸外国に比べて少ないのである。

　家族との交流という視点で見ると、中高年男性にとっては配偶者の存在が大きい。「「男性にとっての男女共同参画」に関する意識調査報告書（平成24年）」（内閣府）によると、「老後は誰と一緒にいたいか」、という設問に対して、「配偶者」と回答した割合は、40歳代、50歳代の男性の約8割、60歳代では9割以上に上る。さらに、配偶者（妻）の不在時の生活に関する設問については、「妻が不在だと困る」、「妻が不在だとかなり困る」、「妻が不在だと生活できない」と回答した割合は、40歳代、50歳代を中心に約3割に上る。

　配偶者（妻）も同様に夫と一緒にいたいと感じているかどうかは明らかとなっていないが、中高年男性の配偶者（妻）に依存する生活スタイルは、退職後に不安のない生活を送るためのリスクといえる。

　長時間労働を続けていては、多様な人との交流するための時間を確保するのは難しい。超高齢化社会で中高年男性が退職後を不安なく生活するためにも働き方の見直しが必要なのである。

第一章　なぜ、女性発の働き方改革なのか

（3）女性発にこだわる理由

・働く女性が増えると組織が変わる

　女性の活躍が進むと、採用される女性の人数や、出産・結婚を経ても就業継続し続ける女性の人数が増えるが、このことは組織に二つの影響を与えると考える。

　1つ目は、働く女性が増え、企業側が女性が活躍しやすい環境整備に取り組むようになることによる影響だ。財団法人企業活力研究所「女性が活躍できる職場のあり方に関する調査研究報告書（平成21年3月）」では、女性の活躍推進に取り組んだことによる効果を調査しており、「男女ともに職務執行能力によって評価されるという意識が高まった」、「女性のキャリア意識の向上、職域の広がりなどにより、潜在的な能力が発揮されるようになった」という項目について、「非常に効果があった」、「相当程度効果があった」という回答が計8割を超えた。女性の活躍推進に取り組むことが、女性だけではなく、男性にとっても働く意欲を高めることにつながったことが窺える。

　2つ目は、女性リーダー、特に女性役員の増加による影響だ。経済産業省「Good Practices on Gender Diversity in Corporate Leadership for Growth（2016年11月）」は、女性役員の登用が企業価値向上に寄与するメカニズムを示している。具体的には、女性役員が登用されることによって、多様な市場ニーズへの対応、より良い意思決定に基づく事業活動の推進、有能な人材の確保・活用、ガバナンスという4つの要素を通じて、売り上げの向上、コストの削減、生産性向上等による企業価値の向上につながることを、国内外のインタビュー事例と共に示している。

　加えて、株式会社日本総合研究所においても、女性役員登用と企業業績等の関係に関する先行研究43編のレビューを行っており、2001年から2014年に発表された実証研究のうち、約63％がポジティブな結果を示していることが明らかになっている。

　女性の活躍と企業価値との関係性については、多くの先行研究があるため、全てを紹介することはできないが、働く女性が増えることや、役員等責任あるポジションで活躍する女性が増えることは、組織にとって何らかの好影響を与えることが期待できる。

図表1-4　先行研究のレビュー結果（2001年～2014年）

	著者（発表年）	分析対象国	女性登用と企業パフォーマンスの関係 負 ← 中立 → 正
1	Adler（2001）	米国	正
2	Carter, Simkins & Simpson（2003）	米国	正
3	Erhardt, Werbel & Shrader（2003）	米国	正
4	Bonn（2004）	オーストラリア	正
5	Catalyst（2004）	米国	正
6	Krishnan & Park（2005）	米国	正
7	Randøy & Thomsen（2006）	北欧3国	中立
8	Smith, Smith & Verner（2006）	デンマーク	中立～正
9	Catalyst（2007）	米国	正
10	Mckinsey & Company（2007）	欧州	正
11	Nguyen & Faff（2007）	オーストラリア	正
12	Rose（2007）	デンマーク	中立
13	Campbell & Mínguez-Vera（2008）	スペイン	正
14	Carter, D'Souza, Simkinsほか（2008）	米国	中立
15	Adams & Ferreira（2009）	米国	負
16	Milliер & Triana（2009）	米国	正
17	Wang & Clift（2009）	オーストラリア	中立
18	Behren & Strøm（2010）	ノルウェー	負
19	Carter, D'Souza, Simkinsほか（2010）	米国	中立
20	Haslam, Ryan, Kulichほか（2010）	英国	中立
21	Marinova, Plantenga & Remery（2010）	オランダ, デンマーク	中立
22	Mckinsey & Company（2010）	10カ国	正
23	Catalyst（2011）	米国	正
24	Dobbin & Jung（2011）	米国	負～正
25	Siegel & 児玉（2011）	日本	正
26	Torchia, Calabro & Huse（2011）	ノルウェー	正
27	Dezsö & Ross（2012）	米国	正
28	Fauzi & Locke（2012）	ニュージーランド	正
29	O'Reilly & Main（2012）	米国	中立
30	Rodriguez-Dominguezほか（2012）	スペイン	正
31	Vieito（2012）	米国	正
32	Joecks, Pull & Vetter（2013）	ドイツ	正
33	Khan & Vieito（2013）	米国	正
34	Lückerath-Rovers（2013）	オランダ	正
35	Puthenpurackal & Upadhyay（2013）	米国	正
36	辻本（2013）	日本	正
37	Ali, Ng & Kulik（2014）	オーストラリア	正
38	Boubaker, Dang & Nguyen（2014）	フランス	負
39	Flabbi, Macis & Moro（2014）	イタリア	正
40	Gregory-Smith, Main & O'Reilly（2014）	英国	中立
41	Nakagawa & Schreiber（2014）	米国	正
42	Siegel, Pyun & Cheon（2014）	韓国	正
43	山本（2014）	日本	正

出所：株式会社日本総合研究所

・女性が生み出す多様な働き方モデル

　働く女性が増えることで、1つの企業で長時間労働を厭わず定年まで勤め続ける旧態依然とした働き方とは異なる、新たな働き方やキャリアコースを歩む人が増えるのではないだろうか。

　組織で働く女性であれば、出産後、育児休業制度や時短勤務を活用して働き続ける女性が出てくるだろう。離職した女性であれば、子育ての状況に応じて、正社員として再就職する女性や、パート・アルバイト等として働きつつ家庭を優先する女性、フリーランスを選択する女性、あるいは複数の雇用形態を適宜選択しながら働く女性が出てくるだろう。

　内閣府「男女共同参画白書　平成26年版」では、仕事と家庭との両立に対する希望と現状に関する過去の世論調査の結果（平成19年から24年）が紹介されている。女性の希望で最も多いのは「家庭生活を優先」（33.6％）であるが、「「仕事」と「家庭生活」をともに優先」（29.7％）と回答した割合も多い。一方、現実と比べてみると、女性は「家庭生活を優先」している人が45.3％と希望以上に多く、「「仕事」と「家庭生活」をともに優先」している人は20.0％と希望より少ない。男性は「「仕事」と「家庭生活」をともに優先」を希望している人が31.4％と最も多いのに対して、現実は「「仕事」を優先」する人が37.7％と多くなっている。家事・育児負担が女性に偏っている国内

第一章 なぜ、女性発の働き方改革なのか

の現状を踏まえると、男性は仕事を優先できる人が多いが、女性は家庭とのバランスは取らなければならない人が多い。働く女性が増えても、仕事を優先できるケースは少なく、個人の事情に応じて仕事と生活のバランスを模索家庭に重きを置きながらする女性が多いことが想像できる。

家庭とのバランスが多くの女性にとって就業を継続するための条件であるとすると、出産後に仕事と家庭が両立できる職場環境と、子育てを理由に離職した女性が再就職できるような環境づくりが重要になる。

下記は、筆者がインタビュー等を行った企業を踏まえて、女性の仕事と家

図表1-5　仕事と生活の調和に関する希望と現実の推移（男女別、平成19年→24年）

《女性》

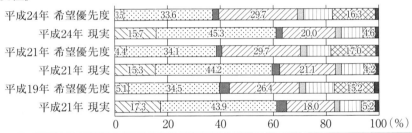

《男性》

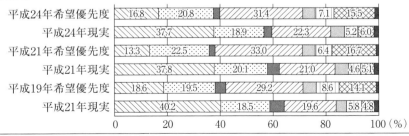

出所：内閣府「男女共同参画白書　平成26年版」

庭の両立支援に向けた働き方の代表的な取り組み例を整理したものである。就業継続した女性に対しては、場所・時間・雇用形態の柔軟性を確保するという取り組み、一度離職してしまった女性に対しては、再雇用制度やインターンシップ等の取り組みが挙げられる。

・**女性の活躍推進に向けた企業の取り組み例**

> 1．就業継続パターン
> 勤務場所の柔軟性確保（例：テレワーク、在宅勤務制度）
> 勤務時間の柔軟性確保（例：短時間正社員制度）
> 雇用形態の柔軟性確保（例：正規雇用と非正規雇用の転換を可能とする制度）
>
> 2．離職・再就職パターン
> 一定期間の離職後の再雇用制度（対象は自社に勤務していた女性）
> ブランクのある主婦人材を対象としたインターンシップや中途採用（対象は自社に勤務していたか否かを問わない）

　男性は女性に比べて、ライフイベントを理由とした離職が少ないことを考えると、働き方やキャリアコースの多様な選択肢を用意するニーズが少なかったと考えられる。しかし、組織で働く女性や再就職を希望する女性が増えれば、企業側の制度も多様化され、男女ともに、働き方に対する価値観などに変化がもたらされるのではないだろうか。

・**時間に制約のある女性が創る効率的な働き方**
　仕事と家庭を両立するための施策を講じることは生産性にも好影響をもたらすという説がある。BBL開催報告「企業のパフォーマンスとWLBや女性の人材活用との関係：RIETIの企業調査から見えてきたこと」（山口一男）によると、ワーク・ライフ・バランスのための環境整備に取り組む企業は、取り組んでいない企業に比べて、生産性が高いとしている。
　働きやすい環境を作ることは、女性をはじめ多くの従業員の生産性を引き上げることにつながると期待される。
　なかでも、子育てをしながら働く女性は効率的に働くことに対する意識が

高い。小林製薬株式会社が子どもを持つ女性を対象に実施した調査「2017年働くママの生活と健康に関する実態調査」（以下、「小林製薬の調査」）の中では、「仕事を効率的によくこなす工夫をしている」と回答した女性は約9割、「出産前よりも仕事を効率的にこなせるようになった」と回答した女性は約8割に上る。

　時間に制約のある女性は、具体的にどのように効率的な働き方を実践しているのだろうか。具体的なインタビュー事例は第3章で紹介するが、ここでは、過去に筆者が行ったインタビュー等に基づき3つの仮説を述べる。

　1つ目は時間マネジメントの工夫である。前述した「小林製薬の調査」の通り、時間に制約のある女性は、効率的に働こうという意識が高い。そのような女性が増えることに合わせて、テレワークや在宅勤務制度を提供すると効率的な働き方を実践しやすくなる。

　一般社団法人日本テレワーク協会「2020年に向けたテレワークによるワークスタイル変革の提言　8の提言（2016年）」では、仕事と育児を両立しながら働く女性がテレワークを利用することで、「育児休業明けの女性営業職もテレワークを活用することで営業先から自宅に直帰するなどして無理なく復帰できた」、「夕方は保育園のお迎えで残業ができない分、子どもが起床する前の朝5時からフレックスタイム制度と在宅勤務制度を併用して働くことで管理職としてフルタイム勤務できている」、「30分単位での在宅勤務制度や中抜けを利用できるためフルタイム勤務をしながらPTA活動などの子どもの行事とも両立しやすい」などの声が得られている。

　テレワークそのものが効率化につながるメリットに加えて、仕事と家庭を抱える女性が、自分のライフスタイルに合わせて、テレワークを上手に使いこなしている状況が窺える。

　時間に制約のある女性が増え、テレワーク等の制度を活用する人が増えれば、オフィス外での業務や顧客先からの直行直帰を容認する職場の風土が醸成されることにつながる。そうなれば、通勤時間が削減され、小刻みな時間を利用するなど、個人のペースに合わせて時間マネジメントを工夫する人が増えると考えられる。

　2つ目は無駄な業務の削減である。時間に制約のある女性は必要以上に会議や資料作成に時間をかける余裕はない。時間に制約があるからこそ、業務にかける時間の配分を考え、時間をかける必要がない業務の削減に努めるようになる。

日本労働組合総連合会が実施した「労働時間に関する調査」(2015年)では、残業の原因としてもっとも多いのは「仕事を分担できるメンバーが少ないこと」(53.5％)、続いて「残業をしなければ業務が処理しきれないほど、業務量が多いこと」(52.6％) となっている。
　また、残業を減らすために必要な対策としては、「適正な人員配置を行う」(55.6％) が最も多く、「上司が部下の労働時間を適切にマネジメントする」(25.7％)、「職場のワーク・ライフ・バランスに対する意識を変える」(24.0％)、「会社との話し合いで職場環境を改善する」(23.0％)、「意味のない会議やミーティングを減らすなど、仕事の進め方を変える」(22.4％)、「長時間の残業を規制する法律・ルールを新たにする」(21.1％) と続く。
　仕事と家庭を両立しながら働く女性は、時間に追われる生活の中で、多くの人の頭の中にある残業削減の対策を実践していると考えることができる。
　時間に制約のある女性が定時(あるいはそれより前の時間)に帰るケースが増えることは職場のワーク・ライフ・バランスに対する意識を変えるきっかけになる。業種業態によっては、時間に制約のある女性と一緒に働くことで、顧客の都合で削ることができない営業などが周囲の人に皺寄せされるリスクがあることは否定できない。しかし、今後は社内で醸成されたワーク・ライフ・バランスに対する意識を顧客に理解をしてもらうことなどを通じて、こうしたリスクを軽減していく取り組みが増えてくるのではないか。
　3つ目は、不要不急な用事の削減である。時間に制約のある女性は、会社のイベントなど、業務と直接関係のない用事を削減せざるを得ない状況となることも多い。
　男性管理職の部下とのコミュニケーションを見ると、職場内での面談等公式な方法については男性部下、女性部下でほとんど差がないものの、昼食や飲み会等の非公式な方法では男性部下とのコミュニケーションが女性部下より多くなっている。(公益財団法人21世紀職業財団「若手女性社員の育成とマネジメントに関する調査研究」(2015年))
　女性部下が増えると、休日の過ごし方を含め、部下の働き方や生活のスタイルを阻害していないかを意識しながら仕事を任せるようになり、コミュニケーションの在り方も見直すようになるだろう。
　このように、時間に制約のある女性が増えることで、多くの従業員に時間に対する意識の変化が起き、組織全体の効率性の向上につながることが期待できる。

第一章　なぜ、女性発の働き方改革なのか

・人生100年時代に向けたキャリアプラン
　平成29年9月、政府は第1回人生100年時代構想会議を開催した。2007年に日本で生まれた子どもについては、107歳まで生きる確率が50％あると算定されており、日本は健康寿命が世界一の長寿社会を迎える（「LIFE SHIFT（ライフ・シフト）」2016／10／21　リンダ グラットン（著）、アンドリュー スコット（著）、池村千秋（翻訳）、東洋経済新報社）。
　人生100年時代構想会議は、超長寿社会で国民がどのように活力を持って生き抜いていくか、そのための経済・社会システムはどうあるべきかを議論する場である。政府はここでの議論に基づき今後4年間に実行する策のグランドデザインを検討する。年内に中間報告を取りまとめ、政策パッケージも盛り込んだ基本構想を2018年前半に打ち出す予定である。
　人生100年時代構想会議の具体的なテーマとしては、全ての人に開かれた教育機会の確保、負担軽減、無償化、そして、何歳になっても学び直しができるリカレント教育、これらの課題に対応した高等教育改革、新卒一括採用だけではない企業の人材採用の多元化、そして多様な形の高齢者雇用などが挙げられている。
　人生100年時代に向けた教育のあり方、働き方は、女性の活躍に向けた取り組みと結びつくものも多い。教育について見ると、ここ数年、育児、出産、介護などで離職した女性の再チャレンジ・再就職を支援するためのリカレント教育の講座を提供する大学が出ている。
　リカレント教育講座にいち早く取り組んだ日本女子大学では、同校のホームページで（リカレント教育課程受講生に関するデータ・第一回2007年9月入学から第19回生2017年4月入学）で、受講生の入学時の年齢層は約半数が40代の女性、約4割が主婦、約3割が非正規社員であることを示している。
　リカレント教育に応募した動機としては、「再就職に必要なビジネススキル・知識を習得したい」、「自分にあった再就職について知りたい」、「学ぶことで仕事復帰することに自信をつけたい」、「正社員で就職するためのスキルを身に付けたい」、「10年後の自分の生き方・働き方を考える機会を持ちたい」、「転職するためのスキルアップをしたい」、などが挙げられている。
　育児等を理由に離職した女性がリカレント教育を通じて、再就職活動を促され、企業がそうした女性を積極的に受け入れていくようになれば、人生100年時代を乗り切るためのキャリアのモデルができる。
　働く女性の多くが、結婚や出産の選択を経て、就業を継続するか否かを判

断する場に直面する。就業を継続する場合は、仕事と家庭の両立の仕方を考えながら働き続け、離職を選択した場合は、将来再就職をするか否か、再就職をするならばどのタイミングか、どのような雇用形態か、再就職するためにどのような準備を行うか、など取捨選択するようになる。

　そのような男性にはない判断を迫られる女性たちの選択肢の中から多様なロールモデルが増えていくことは、多くの人が人生100年のキャリアプランの形成をしていく上での参考になる。

第一章　なぜ、女性発の働き方改革なのか

コラム

・女性活躍推進の歴史

　日本では、「性別」による差別を禁止するために、1986年男女雇用機会均等法が施行された。その際に、職種による待遇の違いは合法であるという考えから、企業で「コース別雇用管理制度」が整備されるようになり、男性の多くは総合職に、女性の多くは一般職として採用をされ、現在もその影響が残っている。

年	法律名	内容
1986	男女雇用機会均等法（1972年勤労婦人福祉法から改正、現正式名称は99年から）	募集、採用、配置、昇進の際に、女性を男性と均等に取り扱うことが「努力義務」に　妊娠、出産、産休取得による解雇を禁止
1992	育児休業法	男女とも、子どもが1歳になるまで育児休業を取得できることが労働者の権利に
1999	男女共同参画社会基本法	男女共同参画基本計画の策定を定める
1999	男女雇用機会均等法（改正）	募集、採用、配置、昇進の際の性別による差別が「禁止規定」に
2007	男女雇用機会均等法（改正）	男女双方に対する差別の禁止、体力・転居可能性・転勤経験等の要件化を含む「間接差別」を禁止に
2014	男女雇用機会均等法（改正）	間接差別となり得る措置の範囲を見直し、すべての労働者の採用、昇進、配転などにおいて合理的な理由なく転勤を要件とすることが禁止に
2016	女性活躍推進法	10年間の時限立法。301人以上の企業に行動計画作成義務付け。採用や昇進について定量的な情報開示を求める

＊いずれも施行年度

第一章　なぜ、女性発の働き方改革なのか

コラム

・出生率と就業率との関係

　25〜44歳の育児をしている女性の都道府県別有業率と合計特殊出生率の相関を見ると、育児をしている女性の有業率が上がるに従って、合計特殊出生率が上昇する傾向が見られる。しかし、東京およびその近郊においては、育児をしている女性の有業率、出生率ともに低く、仕事と家庭の両立が課題であることが窺える。

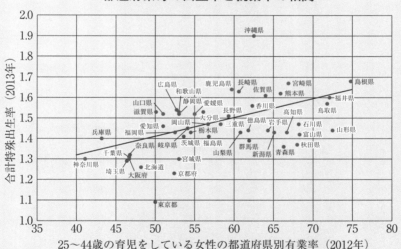

都道府県毎の出生率と就業率の相関

出所：総務省「就業構造基本調査」、厚生労働省「人口動態統計」より作成

第一章　なぜ、女性発の働き方改革なのか

=コラム=

・業種毎の女性管理職比率

　政府では、2020年までに民間企業の課長相当職以上に占める女性の割合を10％以上とするなどの目標を掲げている。厚生労働省「平成28年賃金構造基本統計調査」によれば、従業員数1,000名以上の企業において、女性の課長級相当職比率の平均は、医療・福祉では46.7％と高くなっているが、全業種平均で8.1％、製造業では、4.7％となっており、未だに女性管理職比率の向上の道が遠いことが窺える。

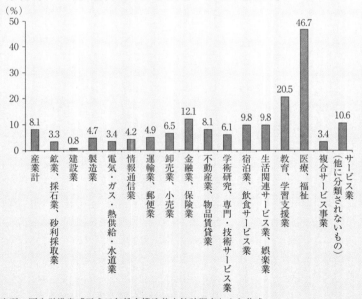

業種毎の女性の課長級相当職比率（従業員数1,000名以上）

出所：厚生労働省「平成28年賃金構造基本統計調査」より作成

═ コラム ═

・中小企業の女性活躍

　厚生労働省「平成28年度雇用均等基本調査」によれば、企業の規模が大きくなるほど、課長相当職以上の女性管理職を有する企業の比率が高くなる傾向が見られ、5,000人以上規模で96.0％、1,000〜4,999人規模で81.6％、300〜999人規模で68.9％、100〜299人規模で56.9％、30〜99人規模で57.7％、10〜29人規模で56.5％となっている。

　一方、女性管理職の比率に着目すると、企業の規模が小さくなるほど女性管理職比率が高い傾向がみられ、課長相当職以上の女性管理職の比率は、5,000人以上規模で6.0％、1,000〜4,999人規模で4.7％、300〜999人規模で5.3％、100〜299人規模で9.1％、30〜99人規模で14.1％、10〜29人規模で21.7％となっている。

　女性管理職がいる中小企業では、女性を管理職に登用する取り組みが大企業に比べて進んでいることがわかる。中小企業は、従業員数が少ない分、一人当たりが担う責任が重く、経営者の考えがすぐに現場に反映されやすいという特徴がある。経営者の考え方次第で女性管理職が増えてきたのが中小企業だといえるのではないか。

第二章

「高学歴女性の働き方調査」、「男性管理職の意識調査」から見えた日本の課題(日本総合研究所独自調査)

(1) 仕事と子育ての両立が難しい高学歴女性

・結婚・出産を経験した高学歴女性の約8割が正規雇用から離職・転職

　日本総合研究所は2015年に「東京圏で暮らす高学歴女性の働き方等に関するアンケート調査」(以下、「高学歴女性の働き方調査」(2015))を実施した(2015年3月24日から3月31日にかけてインターネット調査を実施)。東京圏(東京・神奈川・埼玉・千葉)に現住所があり、かつ東京圏に所在する四年制の大学又は大学院を卒業した25歳から44歳の女性を対象とし、就業者の場合は、東京都に所在する企業に勤めている女性を対象としている。東京都の年齢階級及び就業状態の分布を参考にサンプル割付基準を作成し、株式会社マクロミルのモニター2,064人から回答を受領した。データのスクリーニングの結果、有効回答数は1,828人(内訳:25から29歳(419人)、30から34歳(441人)、35から39歳(494人)、40から44歳(474人))となっている。以下、データを用いて調査結果を紹介する。

　同調査によると、まず、東京圏(東京・神奈川・埼玉・千葉)に所在する四年制大学または大学院を卒業した女性(以下、「高学歴女性」と定義)1,828人のうち、1,364人(74.6%)が、卒業後正規雇用の職に就いている。

　新卒時点で正規雇用の職に就いた女性のうち、初めて結婚した時点で正規雇用の職に留まっているのは、813人のうち529人(65.1%)、第一子出産時点では、468人のうち225人(48.1%)となっている。

　結婚して子どものいる女性の場合、アンケート回答時点で正規雇用の職に留まっているのは、462人のうち、わずか109人(23.6%)である。結婚・出産を経験した約8割の女性が正規雇用から、離職・転職していることが分かる。

　新卒時点で正規雇用の職に就いた女性のうち、未婚の女性より結婚してい

図表2-1　新卒時点での正規雇用の職に就いた女性の就業状態の変化

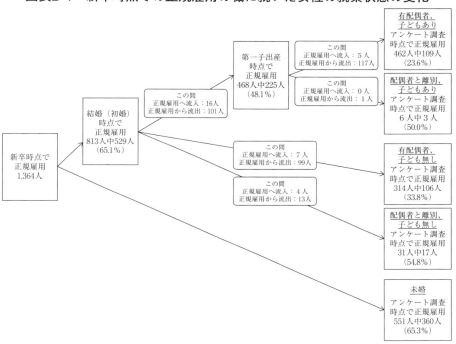

出所：株式会社日本総合研究所「高学歴女性の働き方調査」(2015)

る女性の方が、また、子どものいない女性よりも子どものいる女性の方が、アンケート回答時点での正規雇用の比率が低く、無職（専業主婦を含む）の比率が高い。

　子どもの人数が0人、1人、2人の時の正規雇用比率を見ると、28.2％、25.8％、13.6％と低下する一方、専業主婦の比率は、28.4％、53.1％、68.3％と上昇している。子どもが1人以上になると、子どもがいない場合に比べて専業主婦の比率が、著しく上昇する。

　高学歴女性を居住エリア別で見ると、東京23区に住む女性の正規雇用比率（28.3％）が最も高く、専業主婦比率が最も低い（37.6％）。千葉県及び埼玉県では、専業主婦率が60％を上回っている。

　さらに、居住エリア別の正規雇用比率と有配偶者一人当たりの子どもの人数には、負の相関が見られる。特に、東京都の都心5区では、正規雇用比率

図表2-2　配偶者の有無・子どもの有無別のアンケート回答時点における就業形態（新卒時点で正規雇用）

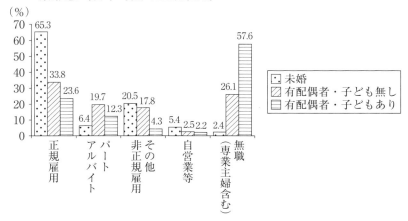

（注1）サンプル数は、新卒時点で正規雇用として採用された1,364人のうち、アンケート回答時点において未婚（一度も結婚していない）の551人、「有配偶者・子ども無し」314人、「有配偶者・子どもあり」462人である。
（注2）「その他非正規雇用」には、派遣社員、契約社員、嘱託等が含まれる。
出所：株式会社日本総合研究所「高学歴女性の働き方調査」（2015）

図表2-3　子どもの人数と正規雇用比率・専業主婦比率

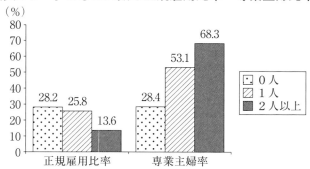

（注）サンプル数は、アンケート回答時点で配偶者がいると回答した984人である。
出所：株式会社日本総合研究所「高学歴女性の働き方調査」（2015）

図表2-4　居住エリア別の就業形態

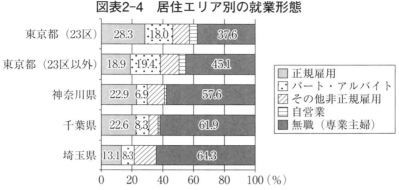

出所：株式会社日本総合研究所「高学歴女性の働き方調査」(2015)

図表2-5　居住エリア別の正規雇用比率と有配偶者一人当たり子どもの人数の関係

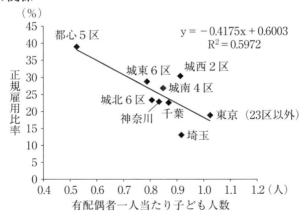

出所：株式会社日本総合研究所「高学歴女性の働き方調査」(2015)

が39.0％と高い一方、有配偶者一人当たりの子どもの人数は0.53人と少ない。

　こうした結果から、東京圏の高学歴女性は、新卒時点では正規雇用の職に就く傾向が強いものの、結婚・出産を機に、正規雇用から正規雇用以外の働き方や専業主婦へと移行していき、専業主婦になると、東京近郊に居住する女性が多いことが窺える。

・共働き夫婦でも妻に家事・育児負担が集中

　共働き世帯における第一子出産時点の家事負担割合と育児負担割合を見ると、妻が家事負担の80％以上を担っていたと回答した割合は57.7％、妻が育児

図表2-6　共働き世帯における第一子出産時点の妻の家事負担割合（左）・育児負担割合（右）

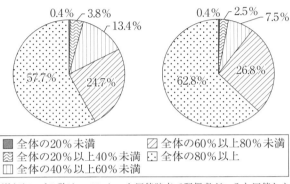

（注）サンプル数は、アンケート回答時点で配偶者がいると回答した者のうち、専業主婦を除いた239人である。
出所：株式会社日本総合研究所「高学歴女性の働き方調査」（2015）

図表2-7　第一子出産後、就業継続した女性と離職した女性の家事・育児負担割合

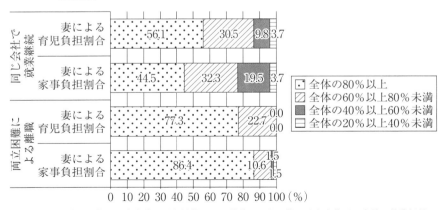

（注）サンプル数は、第一子出産後の両立困難による離職が66人、第一子出産後同じ会社で就業継続が164人である。
出所：株式会社日本総合研究所「高学歴女性の働き方調査」（2015）

負担の80％以上を担っていたと回答した割合は62.8％であった。妻が家事・育児の大半を担う傾向は共働き世帯であっても変わらない状況が窺える。

第一子出産後に仕事と家庭が両立できずに仕事を離職した世帯では、妻が80％以上育児を担っていた割合、同家事を担っていた割合はそれぞれ、77.3％、86.4％である。一方、就業を継続した場合は、妻が80％以上育児を担っていた割合、同家事を担っていた割合はそれぞれ、56.1％、44.5％である。女性が就業を継続するためには配偶者（夫）の育児・家事参加が重要であることが分かる。

・高学歴女性の半数が働き続けた職場は勤務時間が柔軟

第一子出産後、同じ会社で就業を継続した女性と、就業を継続しなかった女性の職場環境を比較したところ、「希望すればいつでも有給休暇を取得することができた」、「遅れて出社したり、早めに退社することが柔軟にできた」、と答えた割合は、就業継続した女性の職場の方が、就業しなかった女性の職場より高い。

一方、「休みの日が不規則だった」、「残業時間が多かった」と答えた割合は、就業継続しなかった女性の職場の方が、就業継続した女性の職場よりも高い。

図表2-8　第一子出産後、就業継続した女性・しなかった女性の職場環境

項目	同じ会社で就業継続	就業継続せず
希望すればいつでも有給休暇を取得することができた	66.4	51.9
遅れて出社したり、早めに退社することが柔軟にできた	50.7	37.5
子育て中の女性従業員と、そうでない女性従業員で仕事の割り当てや勤務時間が全く異なる職場だった	24.6	16.3
突発的に発生する業務が多く、仕事のスケジュールを前もって立てるのが難しかった	23.1	23.1
夜間勤務があるなど、勤務時間が変則的だった	12.7	17.3
どんなことがあってもこの日は自分が出社しないと仕事が回らない、という日が多かった	32.8	37.5
残業時間が多かった	39.6	44.2
休みの日が不規則だった	11.9	20.2

（注1）第一子妊娠時点において正規雇用の職に就いていた女性238人を対象に、第一子出産後、同じ会社で就業を継続した女性134人と、就業を継続しなかった女性（他の会社への転職を含む）104人を比較。
（注2）各々の職場環境について、「全く当てはまらない」から「とても当てはまる」までの5件法で質問を行い「とても当てはまる」または「どちらかというと当てはまる」と回答した者の割合を算出している。
出所：株式会社日本総合研究所「高学歴女性の働き方調査」（2015）

第一子出産後の就業継続には、職場環境の有給休暇の取得のしやすさや、出勤・退社時間の柔軟さが影響している可能性が高い。

・女性の就業継続のため必要な職場環境と男性の育児・家事参加
　前述した通り、結婚・出産を経験した高学歴女性の約8割が正規雇用の職場から離職・転職している。正規雇用として就業を継続するためには、働きやすい職場環境の整備と、配偶者（夫）の育児・家事参加が必要である。
　働きやすい職場環境の整備には、勤務時間及び勤務場所を柔軟に選択できるための施策が求められる。具体的には、出社・退社時間を柔軟に選択できる制度、時間単位の有給休暇制度、在宅勤務制度等が挙げられる。
　制度を設けても、制度を利用しづらい雰囲気がある、従業員に利用の意識が十分浸透されない、といった課題を抱える企業も少なくない。働きやすい職場環境を整備するには、女性の育児等を理由とした離職を防ぐだけでなく、男性も含めた全従業員にとって働きやすい職場環境を実現するという目的を持つことが必要と考えられる。そのためには、制度を利用する理由を育児等に限定せず、全従業員が利用できるようにすることが求められる。
　男性の家事・育児参加を促すためにも、男性にとっても働きやすい職場環境を作ることが必要である。そのためには、男性が育児休業を取得できる制度や育児休業を取得しやすい周囲の意識啓発に加え、長時間労働を解消し日頃から気兼ねなく定時に帰れる職場の風土を作ることが求められる。

（2）仕事のやりがいを重視する高学歴女性

・労働価値観を構成する9つの回答結果
　一般に、就業の継続は仕事に対する本人の考え方に影響される。具体的には、「働くことによって得られる便益」と「働くことに伴う費用」を天秤にかけ、便益が費用を上回れば、就業を継続しようと意思決定すると考えられる。ここで、便益、費用はいずれも個人の主観的な評価によるものである。
　「働くことによって得られる便益」は、働くことによって得られる給与所得や会社における安定的な地位の確保といった外的報酬と、仕事を通じて得られる自己成長や仕事そのものの面白さ・楽しさといった内的報酬に大別することができる。

「働くことに伴う費用」は、仕事をすることによって諦めなければならない家族・プライベートの時間に加え、仕事によって負わなければならない精神的なストレスや肉体的な疲労といったものが含まれる。ハードワーク（仕事の強度）に対する許容度合いと言い換えることもできる。

就業継続の意思決定には、「外的報酬に対する欲求」「内的報酬に対する欲求」「ハードワークに対する許容度合い」の３つにより構成される「労働価値観」が総合的に影響していると考えられる。

「高学歴女性の働き方調査」におけるアンケート調査においても、「外的報酬に対する欲求」を表す出世・昇進等への欲求に関する設問、「内的報酬に対する欲求」を表す自己成長等への欲求に関する設問、「ハードワークに対する許容度合い」を表す仕事以外の時間が削られることや体力的、精神的負荷への耐性に関する９つの質問（図表2-9参照）を設けている。

アンケート調査結果の確認的因子分析からは、就業を巡る価値観として、「外的報酬に対する欲求」、「内的報酬に対する欲求」、「ハードワークに対する許容度合い」の３つの共通因子が得られている（日本総合研究所「東京圏で暮らす高学歴女性の働き方等に関するアンケート調査結果（報告）」）。

・結婚・出産でも変わらぬ仕事を通じた自己成長への意欲

外的報酬に対する欲求の設問、「出世・昇進のために働くことが重要だ」について、「強くそう思う」、「そう思う」と回答した女性の割合は、就職活動時点、アンケート回答時点共に約２割程度である。就業経験により出世や昇進に対する欲求は必ずしも強くなっていない。

内的報酬に対する欲求の設問「自分の能力やスキルを活かすために働くことが重要だ」、「自己成長のために働くことが重要だ」について、「強くそう思う」、「そう思う」と回答した女性の割合は、就職活動時点の約６割からアンケート回答時点の７割に上っているものの大きな変化はない。

このことからは、女性の出世・昇進に対する関心は薄いものの、仕事へのやりがいを求める気持ちは強く、それらの傾向は結婚・出産の経験によって変化をしないことが指摘できる。

結婚・出産の経験が、職場内でのキャリアの構築の阻害とならないような配慮や仕組みにより、仕事に対する前向きな姿勢を維持できる可能性がある。

・結婚・出産後はハードワークへの意欲が低下
　ハードワークに対する許容度合いの設問、「やりたい仕事であれば、仕事以外の時間が削られても仕方がない」、「やりたい仕事であれば、体力的にきつくても仕方がない」について、「強くそう思う」、「そう思う」と回答した女性の割合は、就職活動時点で約４割から５割だが、アンケート回答時点には約２割弱まで減少している。
　多くの女性が結婚や出産後には育児や家事を行わなければならない時間が増え、強度の強い仕事への意欲が低下する傾向が見て取れる。
　ここでも、女性の仕事に対する前向きな姿勢を維持するためには、時間の制約がキャリアの障壁とならないような配慮や仕組みが必要であることが読み取れる。例えば、時間に制約があっても管理職として働ける制度や、テレワーク等の利用などにより育児休業復帰後も難易度の高い仕事に挑戦できる環境づくりが考えられる。育児休業取得後、可能な限り早期に復職したいと希望する女性を支援する取り組みも検討する余地がある。
　今後の人材強化を考えるのであれば、再就職を希望する専業主婦の女性を、働ける時間の長さで判断せず、過去のキャリアや経験を評価し、それらを活かした業務ができるような就業環境を作っていくことも重要な視点だ。

・女性管理職を増やすために必要なテレワークと透明な人事評価
　「外的報酬に対する欲求」については、就職活動時点とアンケート回答時点とも、管理職と非管理職でほとんど差が見られない。「外的報酬に対する欲求」については、「出世・昇進のために働くことが重要だ」という質問が含まれているため、必ずしも出世・昇進志向の強さが管理職への昇進の決定要因と言えない。
　一方、「内的報酬に対する欲求」については、就職活動及びアンケート回答の両時点で、管理職に就いている女性の方がやや強い。内的報酬による動機付けが、管理職への昇進の決定要因の１つになっている可能性がある。
　「ハードワークに対する許容度合い」については、管理職、非管理職共に、就職活動時点からアンケート回答時点にかけて低下する傾向が見られるが、低下幅は管理職の方が小さく、管理職に昇進した女性の方がハードワークを許容する傾向が強いことが窺える。
　さらに、調査回答者を大学入学偏差値のデータをもとに、４つのグループ（Ｑ１＜Ｑ２＜Ｑ３＜Ｑ４＝最も難易度が高い）に区分し比較した。「外的報

図表2-9 労働価値観に関する質問に対する回答分布
（就職活動時点（上）・アンケート回答時点（下））

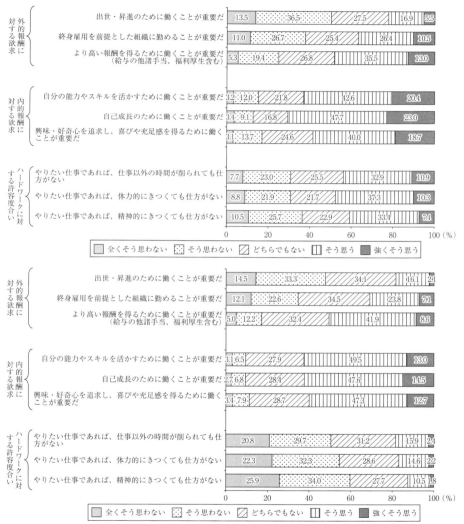

(注) サンプル数は、大学・大学院卒業後に大学・大学院を卒業後正規雇用として採用された1,364人のうち、労働価値観に関するいずれかの質問において「当時のことは覚えてない」と回答したサンプルを除いた1,204人である。

出所：株式会社日本総合研究所「高学歴女性の働き方調査」（2015）

第二章 「高学歴女性の働き方調査」、「男性管理職の意識調査」から見えた日本の課題（日本総合研究所独自調査）

図表2-10 アンケート回答時点で管理職（課長相当職以上）とそれ以外の労働価値観の比較

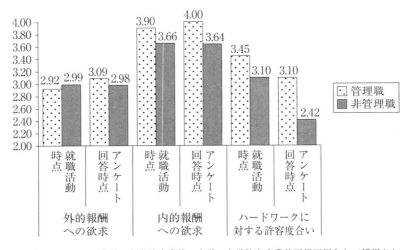

（注1）サンプルは、大学・大学院卒業後に大学・大学院を卒業後正規雇用として採用された1,364人のうち、労働価値観に関する質問において「当時のことは覚えてない」と回答したサンプルを除いた1,204人から、アンケート回答時点で無職と回答した318人及びアンケート回答時点の役職が「その他」と回答した35人を除いた、851人である。なお851人中44人が、課長相当以上の役職に就いていると回答している。
（注2）グラフの値は、「外的報酬に対する欲求」、「内的報酬に対する欲求」、「ハードワークに対する許容度合い」に関係する各々3問の質問に対する回答結果を基に、「全くそうは思わなかった（思っていない）」を1、「強くそう思っていた（思っている）」を5として、それぞれ数値に置き換え、平均値を算出したものである。したがって、当該平均値はそれぞれ1以上5以下の値である。なお、因子分析の結果、「外的報酬に対する欲求」、「内的報酬に対する欲求」、「ハードワークに対する許容度合い」の3因子が抽出されている（日本総合研究所「東京圏で暮らす高学歴女性の働き方等に関するアンケート調査結果（報告）」）。

出所：株式会社日本総合研究所「高学歴女性の働き方調査」（2015）

酬に対する欲求」については、就職活動時点では、大学難易度区分が上位であるほど欲求が強く、アンケート回答時点では、大学難易度区分の違いによる差異がほとんど見られない。

「内的報酬に対する欲求」については、就職活動時点では、大学難易度区分が低いグループにおいてやや値が低くなっているものの、就職活動時点、アンケート回答時点共総じて値が高く、大学難易度区分の違いによる差異はあまりみられない。

第二章 「高学歴女性の働き方調査」、「男性管理職の意識調査」から見えた日本の課題（日本総合研究所独自調査）

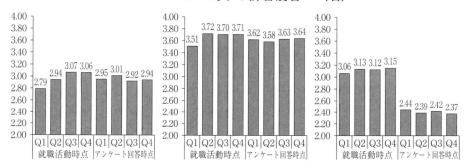

(注1) サンプルは、大学・大学院卒業後に大学・大学院を卒業後正規雇用として採用された1,364人のうち、労働価値観に関するいずれかの質問において「当時のことは覚えてない」と回答したサンプルを除いた1,204人から、さらに大学入試偏差値のデータが得られなかった6人を除いた1,198人である。大学難易度区分別の内訳は、Q1＝236人、Q2＝273人、Q3＝323人、Q4＝366人である。大学難易度区分の詳細については日本総合研究所「東京圏で暮らす高学歴女性の働き方等に関するアンケート調査結果（報告）」。

(注2) グラフの値は、「外的報酬に対する欲求」、「内的報酬に対する欲求」、「ハードワークに対する許容度合い」に関係する各々3問の質問に対する回答結果を基に、「全くそうは思わなかった（思っている）」を1、「強くそう思っていた（思っている）」を5として、それぞれ数値に置き換え、平均値を算出したものである。したがって、当該平均値はそれぞれ1以上5以下の値である。なお、因子分析の結果、「外的報酬に対する欲求」、「内的報酬に対する欲求」、「ハードワークに対する許容度合い」の3因子が抽出されている（日本総合研究所「東京圏で暮らす高学歴女性の働き方等に関するアンケート調査結果（報告）」）。

出所：株式会社日本総合研究所「高学歴女性の働き方調査」（2015）

「ハードワークに対する許容度合い」については、全ての大学難易度区分において、就職活動時点と比べて、アンケート回答時点で値が大きく低下している。新卒時点からアンケート回答時点までの様々なライフイベント等を経ても、「外的報酬に対する欲求」及び「内的報酬に対する欲求」にあまり変化が見られないのに対して、「ハードワークに対する許容度合い」が大きく低下する傾向は全ての大学難易度区分で大きな差がない。

結婚・出産等のライフイベントを契機に、ハードワークを許容し難くなる女性が増える一方で、自己成長への欲求の強さが変わらない、という傾向を踏まえると、テレワークの整備等、時間に制約があっても難易度の高い仕事ができる環境を整備することが意欲のある女性の活躍の場を広げ、女性の管

理職候補を増やすことにつながると考えられる。同時に、長時間働くことが上司から評価をされがちな日本企業特有の風土を変え、働いた時間ではなく、成果に基づく人事評価も重要になる。

　同調査からは、最も大学難易度区分の高いグループは、総合職（事務系・理系）として働く割合が約4割と高く、その他のグループは低いという結果が得られている（Q4　44.1％＞Q3　22.6％＞Q2　18.5％＞Q1　14.8％）。一般に、コース別雇用管理制度を導入している企業では、男性の多くは総合職で採用をされるものの、女性の多くは一般職で採用をされる傾向がある。こうした採用方式によって、採用時点で将来の管理職候補の人材とそうでない人材を振り分けてしまうと、学歴が非常に高い女性以外は管理職等に出世・昇進することは難しくなってしまう。採用時点の振り分けを行うことで女性の将来の成長機会を奪っている可能性がある。

　大学難易度区分によって労働価値観に大きな差がないことを踏まえると、女性管理職を増やすためには、職種区分を廃し、より多くの女性に機会を与えることが必要と言える。

（3）超高学歴女性が抱える仕事と子育ての両立の負担

・正規雇用、管理職比率が高い超高学歴女性

　大学難易度区分が高いグループほど正規雇用の割合が高く、無職（専業主婦を含む）の割合が小さい。ただし、最も大学難易度区分が高いグループであっても、アンケート回答時点の正規雇用比率は48.3％に留まっている。

　大学難易度区分が高くなるにつれて、管理職（課長・部長・役員等）に就いている女性の割合が増加する。本調査のサンプルは25歳から44歳の女性であり、若い世代にサンプルが偏っている点には注意が必要であるが、最も大学難易度区分が高いグループでも課長・課長相当職に就いている女性は6.6％に過ぎず、部長以上の役職も含めた管理職に就いている女性も8.3％に留まっている。

　大学難易度区分が高いグループでも正規雇用や管理職比率が高いと言えないことから、高学歴の女性の活躍の場を拓く余地は大きいと考えられる。

図表2-12 大学難易度区分とアンケート調査時点の就業形態

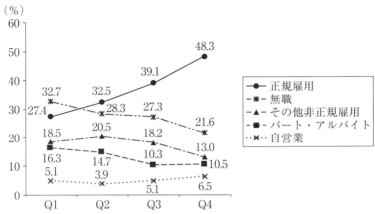

(注1)サンプル数は、大学入試偏差値のデータが得られなかった10人を除く1,818人である。
(注2)「その他非正規雇用」には、派遣社員、契約社員、嘱託等が含まれる。
(注3)大学難易度区分の詳細については日本総合研究所「東京圏で暮らす高学歴女性の働き方等に関するアンケート調査結果(報告)」。
出所:株式会社日本総合研究所「高学歴女性の働き方調査」(2015)

図表2-13 大学難易度区分とアンケート調査時点の役職

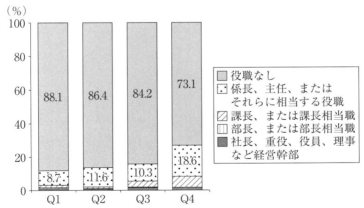

(注1)サンプル数は、アンケート回答時点で働いていないと回答した501人、及びアンケート回答時点の役職について「その他」と回答した80人を除いた上で、大学入試偏差値のデータが得られた1,240人である。
(注2)大学難易度区分の詳細については日本総合研究所「東京圏で暮らす高学歴女性の働き方等に関するアンケート調査結果(報告)」。
出所:株式会社日本総合研究所「高学歴女性の働き方調査」(2015)

・超高学歴女性が少子化傾向

　学生時代の就職活動で、「将来、結婚・出産後に働き続けられそうな職場か否かを考慮して就職先を選んだか」という質問を行ったところ、大学難易度区分が上がるにつれてその傾向が強くなる。

図表2-14　就職先の検討における将来の結婚・出産時の就業継続可能性の考慮
（大学難易度区分別）

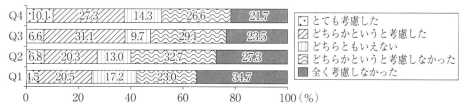

（注）サンプル数は1,492人であり、大学難易度区分別の内訳は、Q１=331人、Q２=355人、Q３=392人、Q４=414人である。「当時のことは覚えていない」を選択したサンプル及び大学入試偏差値のデータが得られなかったサンプルを除いている。大学難易度区分の詳細については日本総合研究所「東京圏で暮らす高学歴女性の働き方等に関するアンケート調査結果（報告）」。

出所：株式会社日本総合研究所「高学歴女性の働き方調査」（2015）

図表2-15　大学難易度区分と有配偶者・一人当たりの子どもの人数

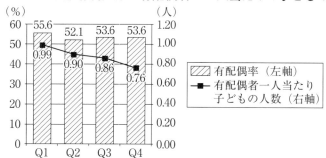

（注１）有配偶率の算出に用いたサンプル数は、大学入試偏差値のデータが得られなかった10人を除く1,818人である。
（注２）1,818人中、有配偶者数は977人であり、内訳はＱ１=252人、Ｑ２=226人、Ｑ３=244人、Ｑ４=255人である。
（注３）大学難易度区分の詳細については日本総合研究所「東京圏で暮らす高学歴女性の働き方等に関するアンケート調査結果（報告）」。

出所：株式会社日本総合研究所「高学歴女性の働き方調査」（2015）

既婚率は、全ての大学難易度区分で５割程度と概ね同水準になっている。ただし、一人当たりの子どもの人数については、大学難易度区分が上がるにつれ少なくなる傾向がある。

　また、大学難易度区分が上がるほど、初婚年齢、第一子出産時期が遅くなる傾向が見られる。最も大学難易度区分の高いグループでは、初婚年齢の平均値29.7歳、第一子出産年齢の平均値31.6歳となっている。

　前述した通り、最も大学難易度区分の高いグループは、その他のグループに比べて、総合職（事務系・理系）として働く割合が高くなっている（Ｑ４　44.1％＞Ｑ３　22.6％＞Ｑ２　18.5％＞Ｑ１　14.8％）。総合職は、企業が将来の管理職候補として採用し、活躍の機会を与えられることが多い一方で、私生活の時間の確保が難しくなる可能性が高まる。

　このことと、高学歴な女性ほど、仕事と家庭の両立を考えて就職先を選択する傾向が強いことから、仕事と家庭の両立の負担が重くなり、晩婚、晩産になる可能性があることが窺える。

図表2-16　大学難易度区分と平均初婚年齢・平均第一子出産年齢

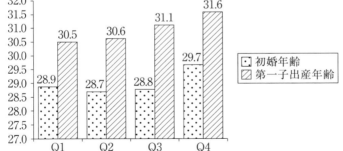

（注１）平均初婚年齢の算出に用いたサンプル数は、Ｑ１＝265人、Ｑ２＝236人、Ｑ３＝257人、Ｑ４＝270人であり、合計1,028人である（大学入試偏差値のデータが得られなかったサンプルを除いている。）。
（注２）平均第一子出産年齢の算出に用いたサンプル数は、Ｑ１＝156人、Ｑ２＝140人、Ｑ３＝149人、Ｑ４＝131人であり、合計576人である（大学入試偏差値のデータが得られなかったサンプルを除いている。）。
（注３）大学難易度区分の詳細については日本総合研究所「東京圏で暮らす高学歴女性の働き方等に関するアンケート調査結果（報告）」。
出所：株式会社日本総合研究所「高学歴女性の働き方調査」（2015）

・世帯主として働く超高学歴女性は少ない

　最も大学難易度区分の低いグループでは、64.8％の世帯が妻の年収が占める割合が20％未満となっている。大学難易度区分が上がるほど、世帯年収に占める妻の年収の割合が20％未満の世帯が減少し、40％〜60％を占める世帯が増加する。

　しかし、大学難易度区分が上がっても、妻の年収が世帯年収の60％以上を占める世帯の割合はほとんど変化が見られない。最も大学難易度区分の高いグループでも、妻が世帯年収の60％以上を占める世帯は全体の7.7％に過ぎない。高学歴な女性ほど共働きの傾向は高まるが、女性が世帯主になる傾向はグループ間で差がないことが指摘できる。

　高学歴な女性でも、配偶者（夫）が世帯主であり、配偶者は妻と同様（あ

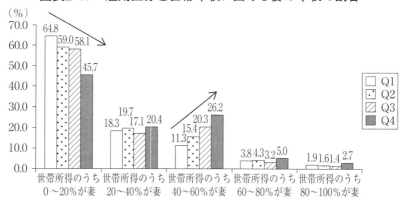

図表2-17　雇用区分と世帯年収に占める妻の年収の割合

（注1）サンプル数は、アンケート回答時点で配偶者がいると答えた合計844人（Q1＝213人、Q2＝188人、Q3＝222人、Q4＝221人）である。（大学入試偏差値のデータが得られなかったサンプル及び、世帯年収または個人（妻）年収について「分からない／答えたくない」を選んだサンプルを除いている。）大学難易度区分の詳細については日本総合研究所「東京圏で暮らす高学歴女性の働き方等に関するアンケート調査結果（報告）」。
（注2）世帯年収及び個人（妻）年収は、勤め先から得た定期収入・臨時収入・賞与などの合計値であり、手取りではなく税引き前の収入である。
（注3）世帯年収及び個人（妻）年収は「200万円未満」「200万円以上400万円未満」「400万円以上600万円未満」「1,800万円以上2,000万円未満」「2,000万円以上」と200万円幅からなる選択肢を用意し、当てはまるものを回答してもらった上で、当該選択肢の中央値（例えば、「200万円以上400万円未満」であれば300万円。ただし「2,000万円以上」という回答の場合は2,100万円）を用いて、世帯年収に占める妻の年収の割合を計算した。

出所：株式会社日本総合研究所「高学歴女性の働き方調査」（2015）

るいはそれ以上）に忙しいことが想像されるため、家事・育児の協力が十分得られず、仕事と家庭の両立の負担が重くなることが考えられる。

・決めこまやかな子育て支援が優秀な女性人材の離職を減らす

　高学歴な女性ほど仕事と家庭の両立の負担が重くなる傾向があると考えると、企業が優秀な女性人材の離職を回避するためには、仕事と家庭の両立の負担を軽減するための支援が求められる。

　具体的には、働きやすい職場環境づくりのための制度の充実、出張時のベビーシッター代、子どもの送迎に伴うサービス、家事代行サービスに関する支援等が考えられる。

　すでに、福利厚生関連の企業と契約し支援メニューを提供している企業もあるが、従業員側がどのような時にどのようなサービスを使えるか認知していないケースも少なくない。介護についても同様のことが指摘できるが、企業としては、個々人のニーズに応じたきめ細やかな支援に心がけると共に、従業員に対して支援の利用方法等について啓発していくことが必要である。

（４）女性の活躍の壁となる男性管理職

・男性管理職の約９割が女性登用に賛成

　日本総合研究所は、2015年に「女性の活躍推進に関する男性管理職の意識調査」（以下、「男性管理職の意識調査」（2015））を実施した。2015年３月24日から３月31日にかけてインターネット調査を実施した。調査対象は、40から59歳の従業員数300人を超える企業の東京の事業所に勤務する男性管理職（課長クラス以上）で、有効回答数は40から49歳（258人）、50から59歳（258人）の男性管理職計516人である。以下、データに従って、調査結果を紹介する。

　「男性管理職の意識調査」（2015）によると、女性の登用について賛成する男性管理職は85.1％に上る。女性の登用に賛成する男性管理職に、賛成する理由を尋ねると、「女性の視点が入ることで、商品開発等のイノベーション創出につながること」（53.1％）が最も多く、「優秀な女性管理職が組織に増えれば、生産性や売上の向上等につながる」（38.3％）、「働いた時間ではなく成果で評価される人事制度の導入が期待できる」（32.8％）という回答が続く。

図表2-18　女性の登用に賛成する理由

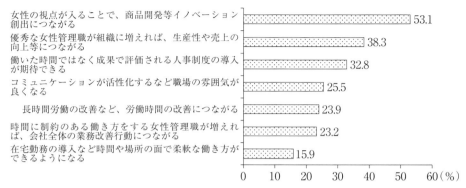

＊サンプル数は、女性の登用について「非常に賛成している」「やや賛成している」と回答した439人である。
出所：株式会社日本総合研究所「男性管理職の意識調査」（2015）

図表2-19　組織で昇進をするための働き方に関する意識

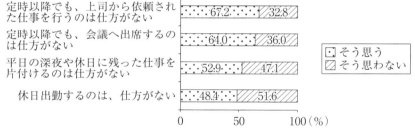

＊サンプル数は516人で、「そう思う」「どちらかといえばそう思う」を「そう思う」に、「そう思わない」「どちらかといえばそう思わない」を「そう思わない」として集計している。
出所：株式会社日本総合研究所「男性管理職の意識調査」（2015）

これらから、女性の活躍が企業のメリットにつながるという理解は男性管理職に十分浸透していることが分かる。

・昇進のために長時間労働が止められない男性管理職

男性管理職に働き方に対する意識を尋ねると、「昇進するためには定時以降に上司から依頼された仕事を行うことや会議に出席することを仕方がない」、と感じる男性管理職は約6割に上る。

図表2-20　組織で昇進をするための働き方に関する意識／女性登用賛成派・反対派毎

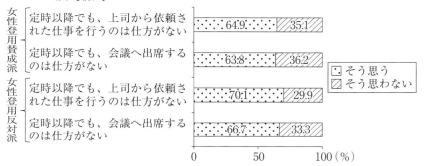

＊サンプル数は、女性の登用に対する賛成派が439人、反対派が77人、「そう思う」「どちらかといえばそう思う」を「そう思う」に、「そう思わない」「どちらかといえばそう思わない」を「そう思わない」として集計している。

出所：株式会社日本総合研究所「男性管理職の意識調査」(2015)

　女性の登用に賛成している男性管理職であっても、その傾向はほとんど変わらない。
　「第二章（2）仕事のやりがいを重視する高学歴女性」では、多くの女性が、結婚・出産等のライフイベントを経るとハードワークの許容度が低くなると述べたが、男性管理職の長時間労働志向が改善されないと、こうした女性の労働価値観が受け入れられ難くなることが懸念される。

・**女性部下との仕事のやりづらさを感じる男性管理職**
　「男性管理職の意識調査」(2015)によると、女性の部下を持った経験のある男性管理職の中で、「女性の部下との仕事をやりづらい」と感じたことのある男性管理職は64.9％に上る。また、女性の部下との仕事をやりづらいと感じたことのある男性管理職の割合は、女性の登用に反対している男性管理職（77.8％）の方が、女性の登用に賛成している男性管理職（63.0％）に比べて高くなっている。
　女性の部下との仕事をやりづらいと感じる理由としては、「セクハラやパワハラに必要以上に配慮しなければならない」(57.5％)が最も多く、「男性部下に比べて女性部下とはコミュニケーションが取りづらい」(29.3％)、「時間に制約のある働き方をする女性部下は、仕事の公平な配分が難しい」

第二章 「高学歴女性の働き方調査」、「男性管理職の意識調査」から見えた日本の課題（日本総合研究所独自調査）

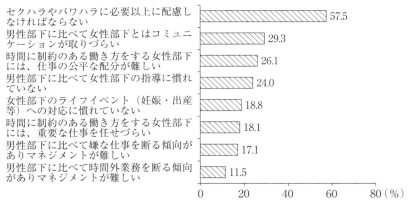

図表2-21　女性部下との仕事をやりづらいと感じた理由

- セクハラやパワハラに必要以上に配慮しなければならない　57.5
- 男性部下に比べて女性部下とはコミュニケーションが取りづらい　29.3
- 時間に制約のある働き方をする女性部下には、仕事の公平な配分が難しい　26.1
- 男性部下に比べて女性部下の指導に慣れていない　24.0
- 女性部下のライフイベント（妊娠・出産等）への対応に慣れていない　18.8
- 時間に制約のある働き方をする女性部下には、重要な仕事を任せづらい　18.1
- 男性部下に比べて嫌な仕事を断る傾向がありマネジメントが難しい　17.1
- 男性部下に比べて時間外業務を断る傾向がありマネジメントが難しい　11.5

＊サンプル数は、女性部下を持っておりかつ女性部下との仕事がやりづらいと回答した287人を対象としている。

出所：株式会社日本総合研究所「男性管理職の意識調査」（2015）

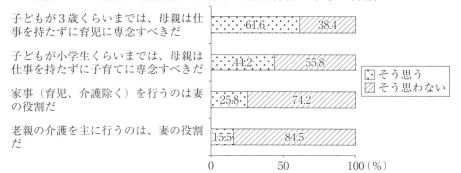

図表2-22　男女の役割分担に関する意識育児・家事・介護について

- 子どもが3歳くらいまでは、母親は仕事を持たずに育児に専念すべきだ　そう思う61.6／そう思わない38.4
- 子どもが小学生くらいまでは、母親は仕事を持たずに子育てに専念すべきだ　44.2／55.8
- 家事（育児、介護除く）を行うのは妻の役割だ　25.8／74.2
- 老親の介護を主に行うのは、妻の役割だ　15.5／84.5

＊サンプル数は516人で、「そう思う」「どちらかといえばそう思う」を「そう思う」に、「そう思わない」「どちらかといえばそう思わない」を「そう思わない」として集計している。

出所：株式会社日本総合研究所「男性管理職の意識調査」（2015）

（26.1％）と続く。セクハラやパワハラへの必要以上の配慮やコミュニケーションの難しさが女性の部下との仕事のやりづらくさせている傾向が読み取れる。

図表2-23　男女の役割分担に関する意識育児・家事について／女性登用賛成派・反対派毎

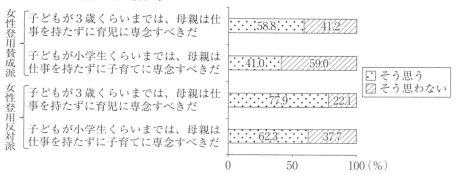

*サンプル数は、女性の登用に対する賛成派が439人、反対派が77人、「そう思う」「どちらかといえばそう思う」を「そう思う」に、「そう思わない」「どちらかといえばそう思わない」を「そう思わない」として集計している。

出所：株式会社日本総合研究所「男性管理職の意識調査」(2015)

　男性管理職に対して、男女の役割分担に関する意識を尋ねると、家事（育児・介護以外）や老親の介護の役割を妻の役割と考える男性管理職は約3割に満たない。しかし、「子どもが3歳くらいまでは、母親は仕事を持たずに育児に専念すべきだ」と考える男性管理職は約6割に上る。

　こうした育児に関する認識は、女性の登用に賛成している男性管理職においても変わらない。

　「第二章(2)仕事のやりがいを重視する高学歴女性」では、女性の自己成長への欲求は強く、結婚・出産を経ても変化していないことを示した。男性管理職側が子育てを優先すべきという価値観を持ち続けていると、こうした意識を持つ女性の部下の育成が上手くいかない可能性がある。

　また、共働きの増加に伴い、家庭内で家事・育児への参加を求められている男性は少なくない。男性部下が育児休業を取得する、あるいは、家庭の事情等で急な休暇を取得することなどに、男性管理職が理解を示すことも必要だ。

・男性管理職の意識変革のために必要な啓発活動

　前述した通り、女性の活躍に賛同する男性管理職は約9割に上るが、同じ職場の女性の仕事に対する考え方を受け止められているかは別問題である。

女性の活躍の意義を十分理解している男性管理職でも、会社の方針が分からない、あるいは明示されていても内容を理解しておらず、管理職としてどのような行動を取るべきか戸惑っているケースもあると考えられる。女性の活躍に対する会社としての考え方を明示し、対処方法を教えていくことが必要である。

　男性管理職自身の働き方を変えていくためには、強制退社など働き方を改善するための強制力のある取り組み、在宅勤務制度や有給休暇などを男性管理職が率先して利用するための啓発、あるいは、部下の長時間労働を管理職の人事評価に反映する、などの取り組みが考えられる。管理職自身の働き方を変えることは働きやすい職場風土作りの必須条件でもある。

　女性の部下とのコミュニケーションの改善には、コミュニケーションの量と質を高めることが求められる。先行研究などからは、男性管理職は男性の部下より女性の部下との非公式のコミュニケーションが少ないことが指摘されている。企業側も、研修等を通じて、男性管理職と女性の部下とのコミュニケーションの機会を増やす取り組みが必要である。女性の部下とのコミュニケーションを改善するためには、男性の部下との旧来的なコミュニケーションを見直していくことも必要だ。定時後や休日に、男性の部下の意向に関わらず飲み会やゴルフ接待への参加を求めるようなことはないようにしたい。

　コミュニケーションの質については、女性の部下と男性管理職の意識や理解のギャップを埋め、性別が異なることを理由に男性管理職が女性の部下とのコミュニケーションを取りづらくなる状況を解消することが求められる。女性の部下と直属の男性管理職が一緒に研修に参加し啓発することも効果がある。加えて、社内外問わず、男性管理職同士で女性の部下の指導や育成に関する悩み等の情報を交換できる、など男性管理職同士のコミュニケーションの場を作ることも有効と考えられる。

コラム

・企業の女性活躍推進に向けた目標設定

　経済産業省・東京証券取引所「平成28年度なでしこ銘柄」によれば、女性の活躍推進に向けて、数値目標を有する企業は約7割となっている。金融業については、約9割と特に高くなっている。

　しかし、男性管理職のなかには、女性の活躍推進が重要であると認識していても、自社の姿勢が分からず、管理職としてどのような行動を取ってよいか分からない人もいる。数値目標を明確に掲げることに加え、経営層が管理職層に対して企業としての方向性を十分発信することが大切である。

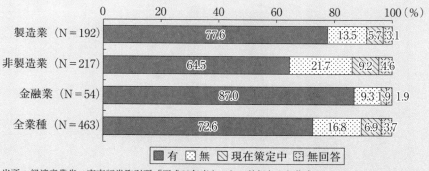

出所：経済産業省・東京証券取引所「平成28年度なでしこ銘柄」より作成

コラム

・無意識のバイアス

米国で行われた研究（Moss-Racusin et al（2012）"Science faculty's subtle gender biases favor male students"）では、大学の理科系学部の研究職採用において、応募者の履歴書の内容が全く同一であるにも関わらず、履歴書の名前が男性（ジョン）であるか、女性（ジェニファー）であるかによって、履歴書の内容に基づく大学側の能力評価、及び初任給の提示額が有意に異なることが明らかになっている。性別が無意識下で評価に影響する可能性を示唆している。

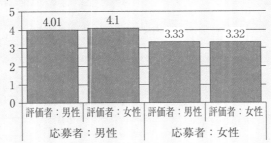

能力（コンピテンス）評価の平均（1〜7の7段階評価）

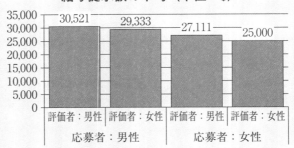

給与提示額の平均（単位：$）

出所：Corinne A. Moss-Racusina, John F. Dovidiob, Victoria L. Brescoll, Mark J. Grahama, & Jo Handelsman, "Science faculty's subtle gender biases favor male students" *Proceedings of the National Academy of Science*, Vol. 109, No. 41, October 9, 2012, pp. 16475-164761より作成

コラム

管理職は、女性従業員の育成や指導等にあたって、無意識のバイアスの存在を理解した上で接することが必要だといえる。

第二章 「高学歴女性の働き方調査」、「男性管理職の意識調査」から見えた日本の課題（日本総合研究所独自調査）

コラム

・メンターとスポンサー

　女性のキャリア促進のために、メンター制度を導入する企業も少なくない。それらの多くは、先輩の女性社員とペアリングを行い、先輩の女性社員に、キャリアに関する相談ができるようにしている。しかし、最近の調査では、女性が昇進するためには、スポンサーの存在が重要であるといわれている。スポンサーとは、組織内に影響力を有する管理職であり、組織内でメンティ（メンタリングを受ける人）の存在感が高まるように影響力を行使する（経営幹部や同僚の管理職に対して、メンティの能力・実績を宣伝する、重要なプロジェクト等に参加できるように社内外に推薦する、など）存在である。

　国内では、男性は、非公式の食事会やゴルフ、休憩室等で、影響力を持つ男性管理職と知り合う機会も多いが、女性がそのような機会を同等に持つのは容易ではない。女性に対しては、スポンサーになりうる管理職とコミュニケーションが取れるような機会を意識して設けていくことが求められる。

（参考文献：Herminia Ibarra, Nancy M. Carter & Chrisitne Silva, "Why men still get more promotions than women" *Harvard Business Review*, Vol. 88, No. 9, September 2010, pp. 85）

第二章 「高学歴女性の働き方調査」、「男性管理職の意識調査」から見えた日本の課題（日本総合研究所独自調査）

コラム

・管理職の家事・育児負担

　独立行政法人労働政策研究・研修機構（平成26年）「男女正社員のキャリアと両立支援に関する調査結果」によると、7歳未満の子どもをもつ女性管理職の83.4%は、配偶者がいても家事の6割以上を担っている。男性管理職の場合、妻が6割以上の家事を担う割合は9割近くにもなる。女性管理職の世帯においても女性に家事・育児の負担が偏っていること

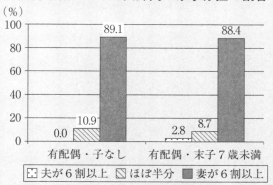

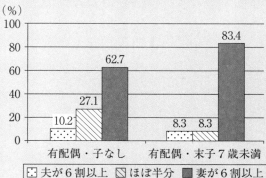

出所：独立行政法人労働政策研究・研修機構「男女正社員のキャリアと両立支援に関する調査結果」（平成26年）より作成

コラム

が、キャリアアップの阻害要因の１つになっていると考えられる。男性の育児・家事参加を促すことは、日本企業全体が女性活躍を推進する上で欠かせない。

第三章
事例で見る、働き方改革を牽引する女性たち

（1）組織のなかで新たな働き方を創出する女性たち

> ・ライフステージに応じて、最大の価値を出す（Aさん　大手企業で調査研究の仕事に携わり、転職経験はない。40代前半で二人の子どもを持つ。）

20代は限界まで働くことに挑戦、子育て中はいかにチームで分担するかが課題

　20代は、実家暮らしで、家事をやる必要もなかったので毎日のように終電まで働き、時間をかけて試行錯誤をすることで品質の高いアウトプットを作成したり、顧客の要求にできるかぎり応えたりすることを目指しました。一方で、裁量労働制を活かして早く帰る日を決めて、習い事をしたり、独立行政法人が主催する講座を受講したりしました。母校の大学の研究会に参加したり、関連する書籍を読んだりしたことがきっかけで、20代後半の時にもう少し勉強がしたくなって大学院を受験しました。会社の先輩が働きながら大学院に通っていたので、私も同様に勤めながら大学院に行くこととし、働きながら修士号を取りました。大学院に通っていた時に結婚しましたが、夫の仕事の都合で、しばらく別居婚になり家庭のことで制約されなかったので、学業と仕事の両立に注力しました。卒業してからしばらくは、再び仕事に専念していましたが、数年後に出産し、約1年間の育児休業を取得、4年後に第二子を出産し、現在は二人の子どもの母親です。

　子どもを持つと生活環境は大きく変わりました。初めて時間が制約された生活を送ることになったからです。一人目の時は、住まいが実家から遠かったため実家に頼ることはできませんでした。ファミリーサポートセンターに登録したものの、家の近くにサポート会員が見つからないなど使いづらく、

出張などの場合は夫に午後半休を取得してもらって保育園の送り迎えを頼んだりしていました。その後、実家の隣の駅に引っ越しをして、実家のサポートを受けられるようになったものの、今度は夫が他県に転勤となってしまったため、現在は母子世帯で子ども二人を育てています。

裁量労働制で時間の融通が利く一方で、成果を出さなくてはいけないというプレッシャーがあります。ノルマも厳しいので仕事の量を減らすことはできず、おのずと仕事を家に持ち帰ることになります。子どもが小さかった頃は授乳や寝かしつけが必要なので、子どもの就寝時に自分も短い睡眠を取り、夜中に起きて仕事や家事をして明け方に再度寝るという生活をしていました。現在は、上の子が小学生になって子ども同士で寝られるようになったので、子どもが寝たあとすぐに仕事や家事ができるようになり、体力的にだいぶ楽になりました。

20代の頃は自分の限界に挑戦して良いアウトプットを出そうとしてきましたが、子どもが生まれて時間の制約を受けると、自分だけで頑張ろうとしていたこと、自分の中だけで完結させようとしていたことに初めて気づきました。仕事と生活を両立しようとすると自分ですべてはできないので、自分が最も得意なことをして、人に仕事を振っていくことが必要です。そのことは職場での仕事の進め方にも反映されるようになったと思っています。今では、若手のチームメンバーとどのように役割分担していくか、アシスタントの方に何をお願いするか、いつも考えながら仕事をしています。自分の体は１つしかないので、周囲の人といかに仕事を分担しながら進めていくかが課題です。

ライフステージに応じて自分の価値を発揮するためには基礎力が必要

時間を贅沢に投入してブラッシュアップを重ねれば、仕事の成果の品質は上がります。試行錯誤にかかるタイムロスをなくして最短の時間で成果物を完成させたとしても、投入した時間と仕事の成果は一定程度比例します。いくら効率化しても、就業時間が短いと顧客からのリクエストに応じられる時間帯も短いですし、すぐに客先に駆けつけることもできません。時間に制約がある中で何も工夫をしなければ職業人としての自分の価値は落ちると思います。高い成果を出すためには、自分に得意なことを見つけ他の人にはない特徴を出すことが重要であると考えています。仮にスキルが低くても、夫や実家に相談することなく、いつでも残業や出張ができる人の方が、定時退社

でなかなか出張に行かれない人より「便利」であることは確かです。時間に制約があって「使いづらい」にもかかわらず、信頼されて仕事を頼まれるには、制約を補って余りある価値が必要です。

　子育てとキャリアアップのタイミングは人それぞれで、20代で出産をして体力がある状態で仕事と子育てを両立する人もいれば、仕事で実績を上げ人脈を築いたあと40代で出産する人もいます。どちらがいいというわけでもないし、選べるものでもないのですが、与えられた状況の中で自分が持っている、体力・経験・知識・人脈などの資源を組み合わせて活用することが大事だと思います。個人的には、入社してから数年間は自分の限界まで挑戦してみた方がいいと思います。それによって自分の体力やどうやれば仕事の成果が出て品質が上がるか、自分の得意な部分はどこにあるのか、などたくさんの発見ができるからです。その発見は、子育てで時間が制約された時に、上手なリソースの組み合わせ方や工夫をするための基礎力になるはずです。

> ・家事投入時間の削減をし、仕事と子育てを両立（Bさん　研究者として働き始め、転職経験を持つ。40代前半で三人の子どもを持つ。）

夫の協力を得ながら、外部サービスも使い、無駄なことはしない

　結婚した時から、仕事を続けながらも子どもは三人欲しいと思っていて、そのためには、子育てにかける時間の圧縮がとても大事だと考えていました。結婚後は、短い期間で子どもを三人産みました。一人目、二人目の時は、次の出産のことを考えていたので、育児休業を使わずに早期に復帰しました。三人目の時も、転職を希望していたので、育児休業はほぼ使わず復帰しました。

　育児を抱えながら、早期に職場復帰でき、仕事を継続できた理由は、思い返してみると、夫の職場が子育てを理由に時間の調整を行うことに寛容で、夫が勤務時間を調整してくれたことが大きかったと思います。元々、夫は私と対等（あるいはそれ以上）に子育てをする人で、子育てを理由に私に仕事は辞めて欲しくないということを言っていました。また、一人目のときに縁のあった認可外の保育所が、その後の子供たちの時も年度途中の新生児受け入れをしてくれたことが、育児休業を使わずに復帰できたもっとも大きな要因でした。

　子どもが三人いると、とにかく家事の量が半端なく多いので、時間が縛られてしまうことが大変です。そのため、保育園で必要な袋などは、手作りにせずに、買えるものは買うようにして、やらなくてもなんとかなることは、極力やらないようにしています。日頃は、シルバー人材の方にお願いをして、上の子どもたち二人を迎えに行ってもらい、自宅で見守りもしてもらっています。シルバー人材の方は、見守り以外にも洗濯物をたたむといった、簡単な家事のお手伝いはしてくれます。たたみ方などの細かいお願いは自分からはせずに、とにかく任せきる、というスタイルでやっています。

　家事の中では、やはり料理の負担が重いです。自宅の傍に外食できるところがなく、家族分お惣菜を買うと高くなってしまうし、そもそもお惣菜が買えるお店に寄る時間はありません。自分の子どもたちがわがままなのかもしれませんが、三人とも食べ物に対する好みが異なり、同じものを食べないので、味付けは薄くしておいて、お食事は一皿と決めています。あとは、子どもたちが好きなように家にある調味料で味付けをしています。食事の量が足りなければ、必要に応じて、子どもごとに、自分がメニューを追加して作り、

とにかく手間をかけないことを基本にしています。

夫との家事分担という点では、夫は料理ができないので、夫でも作れる即席の食材を常備しています。急な残業等、仕事の都合で自分が食事を作れなくなった時でも、料理ができない夫が子どもの食事を準備してもらえるように、日頃からバッファーを作っています。

そもそも基本として、余計なことや無駄なことはしないようにしています。夫向けの食事は作らないですし、アイロンはかけません。掃除も毎日はせず、靴も磨かない（磨くことが必要な靴は買わない）など、やらなくてもなんとかなることは、やらないようにしています。

制約時間のなかでコアになる仕事を大事に

私自身は昔から何でも全部できるとは思っていなくて、自分の能力に諦めをつけています。自分以外の人がやった方が早い仕事は、自分から積極的にやるとは言わず、むしろ「お願いします」と素直に言って、周囲の人にやってもらっています。働く時間に制約があり、多くのことができないので、周囲の人より、自分が相対的に得意なことを頑張って、チームに貢献する方が良いという考え方で働いています。

個人の成果を出すという意味では、時間に制約があるため、単位時間あたりの仕事量でいくら頑張っても、周囲の人たちに負けてしまうので、中期の目標（目先、5、6年）を立てて、自分の将来にとってコアになる仕事を大事にしています。仕事量という見た目の問題で一喜一憂するのではなく、価値ある仕事をやる、という軸を忘れないようにしています。

定年のことは考えてないですし、これからもずっと楽しく働きたいと思っています。高齢になると、パソコンでの情報処理などの仕事は難しくなっていくので、対人サービスなど、知恵的な仕事で価値を出していかなくてはいけないと思います。例えば、90歳まで毎日おにぎりを握っていると、そのおにぎりや握る人が神格化されることがあるように、歳をとることで価値を生み出せるようなことをやっていきたいです。

会社には多様性を表現する機会を求め、個人には等身大で自分を見る努力を

現在の職場は自分のようなワーキングママに配慮してくれますが、本来は、男性か女性か、子どもがいるとかいないとかで分けるのではなく、誰にとっても働きやすい環境であるべきだと思います。働く女性のファッションが多

様であるように、働く男性も自身の多様性を表現する機会が必要だと感じます。その方が、働く人同士、もっとコミュニケーションをとりやすくなると思います。

　自分の場合、子どもを持ったことで、自分ができることを考えるようになり、気持ちの面で割り切りができるようになったのはよかったです。30代ぐらいの人たちを見ると、やりたいことと能力が乖離して、悩んでいる人が多いと感じることがあります。今後のキャリアを築いていく上では、自分を等身大でみる努力が今後の仕事人生を切り拓くためには、大切なことだと感じます。

- 夫の単身赴任で日々の育児・家事を一人でこなす（Cさん　大手企業で総合職として営業企画の仕事に携わり、転職経験はない。40代半ばで一人の子どもを持つ。）

常にベストエフォート、一人で家事・育児をこなす

　3年前から夫が海外で働くことになりました。そのとき、子どもはまだ4歳。自分の両親の住まいも遠方で、やむを得ず、一人で家事・育児をするようになりました。子育てを理由に仕事を辞める考えはもともとなく、夫も、仕事を辞めて一緒について来てほしいとは全く言いませんでした。

　自分自身は、働いている方が、人生において選択の自由度が高まると思っています。仕事をしていると、経済力はもとより、知識、スキル、人脈、物の見方など、いろいろなことを学べ、得られるからです。子どもを一人で育てていることに対して、周囲の人から大丈夫かと心配されることもありますが、子どもは保育園、地域の保育サービスなど保育のプロフェッショナルに見てもらうことができます。自分といつも一緒にいるより、家の外でいろいろな人と会うのも良いことだと思っています。仕事では面白いことや、新しいことを考えるワクワク感が好きで、仕事で得られた経験や思いは、子どもがもう少し大きくなったら、子育ての中で共有していきたいと思っています。

　仕事と家庭の両立で大変なのはオンとオフを区別する点です。常に何かに追われている感じで、心の休まる時があまりありません。夫は、3、4カ月に1回は戻ってきて、1週間ぐらいは日本で家事や育児をするので、その時だけは、外出機会を増やし、オフに切り替えてストレスを発散しています。

　日頃の生活は、夜は子供と一緒に寝て、早朝5時に起きて、会社で終わらなかった仕事をしています。タスクを洗い出して、この仕事はいつまでにやるとの段取りをしておくと、会社に着いてからとても仕事がスムーズに進められます。家事については、効率的に食事が作れるよう、冷蔵庫には即席で作れる物をストックしています。子どもが言うおいしいご飯のベスト3は、1位はおばあちゃんのご飯、2位は給食、3位はママのご飯とのことですが、おばあちゃんのご飯と給食を喜んで食べているなら、それもいいのかなと思っています。

　気持ちとしては常にベストエフォートで、自分自身、手を抜いているつもりはありません。周囲から見ると要領が悪いのかもしれないですが、バレー

ボールで膝にあざを作りつつもレシーブでボールを拾っているような感じで頑張っています。

時間に制約があるからこそ逆張りの発想で働く
　子育てと両立できるのは、上司の理解も大きく、多くの仕事を任され、チャンスを与えてもらっています。一方で、上司をはじめ同僚には気遣ってもらっていることもあるので、申し訳ないと思う時もあります。
　そのため、少しでも職場に貢献できるように、逆張りの発想で、人が嫌がる仕事は何でもやるようにしています。付加価値が低いと思われている仕事でも、やってみると案外沢山の気付きを得られたりするのです。
　大変なことも多いですが、これからもワクワクでき、仕事をしていてよかった、と思えるように日々過ごしたいです。一人でやれることには限界があるので、皆で一緒に何かを作りだすことを大切にしています。仕事では一緒にやっている人に迷惑をかけたくないと思うと同時に、この人がいてよかった、と言われるようなパフォーマンスを出したいと強く思っています。
　誰かに頼らないと仕事と家庭の両立は難しいので、日頃から周囲の人たちと良好な関係を作るための調整力を高めることにもこだわっています。一見、ワンオペ（＊ワンオペレーションの略）に見えるかもしれませんが、仕事も家庭も自分の気持ちはワンオペではありません。

完璧を目指さなければ、両立はできる
　「会社や家庭で、自分が一番にならなくて良い」という基本的な考えを持っていて、それが一人で育児をこなしながらなんとかやっていけている理由かもしれません。能力の高い人は何でもできるかもしれないですが、完璧を目指したら、多くの人が挫折をするように思います。自分の仕事のやり方や家庭のあり方、仕事と家庭の比率のあり方などは、身の丈に合ったもので良いと思います。
　仕事と家庭のバランスの取り方（比率）に対するニーズは、人それぞれなので、従業員が自分の求める比率に応じた働き方ができるような環境作りをしていけば、多くの人が働きやすくなるのではないでしょうか。働き方に対して、世の中はもっと寛容さが必要だと感じます。

> ・メリハリある働き方で生産性向上を徹底（Dさん　大手企業で総合職として広報の仕事に携わり、転職経験を持つ。40代前半）

転職を機に長時間労働を止め、働く時間は得意なことに注力

　大学を卒業して最初に入社した会社では、若いうちから丁寧に育ててもらい、期待され、昇進コースで働いていたという恩義があったので、それに応えねばという気持ちから、超長時間労働を厭わずに働いていました。しかし、数年勤めたある時、毎日、深夜から早朝に帰宅するような生活を繰り返している自分に疑問を感じ、会社が自分を幸せにしてくれるわけではないと思って、退職を申し出ました。

　転職した先（現在の勤め先）では、深夜労働になることはなく、自分の専門性を活かした仕事をしています。好きな仕事を積極的にやっているので、仕事は苦にならず打ち込むことができています。仕事の特性上、人と人を繋げて良いものを作りあげていくことに価値を感じており、経済的な価値だけを求めて仕事をしているわけではありません。

　性格として、メリハリを求めるタイプで、集中して取り組むものと、そうでないものを分ける傾向があり、できる限り得意なところで勝負をしたいと思っています。また、失敗をあとから尻拭いするのは何倍も労力がかかる事だと思うので、後々、自らの失敗のフォローに手を取られることがないように、細心の注意を払って業務に取り組むよう意識をしています。

休息の取り方もメリハリを利かせる

　オンオフの切り替えにおいても、仕事は集中して取り組み、休日はきちんと休んで、両方、中途半端にならないように努めています。前職の職場は長時間労働が当たり前ではあったものの、会社全体としては休暇をきちんと取得しようという雰囲気がある社風でした。休暇をきちんと取るというベースのメンタリティは、前職の影響が大きいと思います。

　旅が好きなので、休暇を取る時は、計画を立てて、時には先々の日程の予約を取ることもあります。その一方で、調整がうまくつかず、計画通りに出かけられない事態も生じます。その際、予約をキャンセルしたり、多少の金銭的損失が発生したりすることもありますが、それはあまり気にしないようにしています。旅にせよ、仕事にせよ、後で「やめる」ことはでいつでもで

きるので、事前にいろいろなチャンスを予め限定しないようにしています。
　日中は、仕事柄、社外の方とお話しをすることが多いので、仕事以外の時間では、静かな一人の時間を大事にし、自分の中で精神のバランスを保っています。結婚をしているので、家事もやりますが、平日は食事を作る以外に、「1日1家事できればOK」と自分を甘やかし、気分転換になる範囲で家事を楽しくやるように心がけています。

仕事は人生の要素の1つに過ぎない
　仕事は人生の要素の1つという客観的な見方をすることが大事だと思っています。前職で海外の取引先と仕事をしている時に、海外の担当者が目の前の締め切りよりも自分のホリデーを優先するという状況に多々直面しました。同じ条件の元、私たち日本人チームは「与えられた」締め切りを必死に守ろうと頑張って働いていたのですが、そうではない世界の常識もあるのだとその時に驚きを感じました。仕事をやる以上100％全力を尽くすべきだと思いますが、それと同時に自分の人生の優先順位を客観的に考える余裕を持つことも必要だと、彼らから学んだと思います。

・職種転換制度を利用して新たな挑戦へ（Eさん　大手企業で総合職として人事系コンサルティングの業務に携わり、転職経験を持つ。50代。）

仕事や責任範囲を主体的に広げていく

　最初に入社した会社では、人材開発の仕事を任されました。男女雇用機会均等法施行前だったので、職種も一般職や総合職という形には分かれておらず、当時は、短大卒の女性が多い時代で、職場にはまだ自分以外に四大卒で採用された女性はいませんでした。所属していた部門のメンバーは、自分一人だったため、社員の募集や、求人広告の素案の作成、ハローワーク主催の社員採用セミナーへの出席など、その時々で必要な仕事を自分で考えながら主体的に仕事を進めていました。ルーチンで繰り返してやる仕事は少なく、採用業務から研修の企画運営、内定者に対するフォローのための教育企画など、様々な仕事を経験しました。

　その後、現在勤めている会社に、アシスタント（一般職）として転職しましたが、アシスタントだからといって仕事の内容を制限されることはなく、希望すれば、より難易度の高い仕事を任せてもらうことができました。入社して約8年目の時に、当時の人事部長の意向で、活躍しているアシスタントに総合職転換する機会が与えられることになり、試験を経て、自分ともう1名のアシスタントが、総合職に転換することになりました。

　アシスタントの時から、すでに顧客先でコンサルティング業務を行っていたこともあり、総合職になったことで仕事が変わったわけではありません。元々、人と接することが好きで、誰かの役にたつ仕事をしたいと思っていたので、当時はとにかくお客様の役に立ちたい、上司や先輩社員を助けたいという気持ちで仕事をしていました。

　周囲の大先輩（男性）は良い方が多く、当時はまだ仕事上、男性、女性を分けて見ることが多かった時代にもかかわらず、チャンスを与えてくれながら、困った時には、良い意味で守ってくれる方が多かったです。周囲の人たちから温かい目で見てもらえ、「一つひとつの仕事を、責任を持ってやってくれているから安心して任せられる」と言われたこともありました。

目の前の仕事を全うする姿勢が次のステップに

　自分が任された仕事について一つひとつを全うする姿勢が大事だと思いま

す。自分自身は、任されたことは責任を持ってやるとともに、言われてなくても必要だと思ったことはやってきました。それを周囲の方が認めてくださったので、職種転換もでき、仕事のチャンスをさらに広げることができたのだと思います。

周りとのコミュニケーションは大切にしていますが、言うべきことは言う、受け入れるべきときは受け入れるという姿勢で仕事をしてきました。仕事を円滑に長く続けるには柔軟な姿勢が大切だと思います。自分の親族(若い女性)と今後のキャリアの話をする時には、やれることはきちんとやりなさいということと、周りにはいろいろな人がいるから、色々なタイプの人を受け入れられるようなコミュニケーションスキルを身につけなさいと伝えています。

主体的に学び続ける姿勢を持ち続け、将来も社会に貢献し続けたい

仕事を通じて人の役に立ち、喜んでもらえる結果を出すにはどうしたら良いかということを常に考えてきました。その延長に今があると思っています。そして仕事を続けていく以上は、自分の仕事の質を高めたいと考えています。そのため、自己負担で勉強をするなど、継続的に自己啓発を行っています。特に今、社会では、いろいろなことが変化してきているので、自分自身が学ぶとともに、周りの人が何を考えているのかを知ることも大切だと考え、外部の講習会やセミナーに出席し、参加者といろいろな議論をして刺激を受けています。新しい経験をし、知識の幅を広げ、人とのつながりの枝を伸ばすことで新しいチャンスの機会が広がると考えています。

将来は、学ぶことも含めてまだまだやりたいこと、興味のあることがたくさんあるので、リタイア後の時間や行動に制限のない生活を充分に活用したいと考えています。そして、今のキャリアを含めて自ら身につけたことを地域社会に活かし、貢献していければよいと思っています。

第三章　事例で見る、働き方改革を牽引する女性たち

> ・女性初で頑張り続けて、管理職として道を切り拓く（Fさん　男女雇用機会均等法施行前に某メーカーに一般職として入社し、現在は管理職として働く。転職経験はない。50代で一人の子どもを持つ。）

子育てと仕事を両立する女性が少なかった時代に悩みながら懸命に働く

　大学は工学部で勉強をしていましたが、当時、工学を専攻する女性は少なくて、工学部出身の女性を対象とした求人が無く、自分だけ就職がなかなか決まりませんでした。そうした時研究室の先生から、メーカーのショールーム職の仕事ならある、と紹介されて面接を受け、就職がようやく決まりました。

　大学で工業意匠を学んでいた自分の経歴を見た採用担当の方から、開発の仕事をやらないか、と言っていただき地方の工場への赴任が決まりました。開発部自体が工場にあり、デザイン室も備わっていたので、採用当初はデザインをやらせてもらえるという話を聞いていました。女性初の赴任が当時としては珍しく、周囲の方々に非常に良くしていただきました。入社して半年後、デザインの仕事ができるということで意気揚々としていた時に、本社マーケティング部門に異動になり、非常に驚いた記憶があります。

　マーケティング部門では、新規事業開拓をメインに、グループインタビュー等で主婦からニーズを聞くなど、メーカーとしての醍醐味が感じられる仕事をしていました。入社した翌年（1986年）男女雇用機会均等法施行の影響もあり、女性だけの開発チームが作られ、そこに配属された後、開発部の実行部隊へ異動となりました。

　1994年1月に子どもを出産しました。当時は、社内で育児休業を取得した人が一人もいなかったのですが、「お前が初でいい」と上司から言われて、育児休業を取得しました。マーケティング部門時代の上司と同僚が偶然共働き世帯だったので、働き続けることにあまり迷いがなかったのだと思います。保育園が17時に終わっていた時代ですので、無認可で19時まで預かってくれるところを見つけて8か月目に復帰しました。幸い夫が10時始業の会社に勤めていたので、保育園に送る係は夫にやってもらいました。夫と娘が今でも仲が良いのは、夫が、子どもが乳児のころから育児に参画していた影響が大きいように感じています。また、実家の両親に頼ることはもちろんですが、偶然、夫の実家と職場の工場が同じ地域にあり、泊りがけの出張で工場にいかなければならないときは、義理の両親が面倒を見てくれ、今でも子どもと

両親は、とても仲が良く連絡を取り合っています。

　仕事と家庭の両立は続けましたが、働ける時間が限られていることで、仕事では悔しい思いを沢山しました。例えば、会議中に定時のチャイムが鳴ると、自分一人だけ子どもの迎えのために帰らなければならず、その後の白熱した議論に参加できなくなり、翌日職場の雰囲気にもついていけず疎外感を感じたこともあります。帰宅途中、泣きながら帰ったこともあり、このまま開発の仕事を続けていいのか、という疑問は常に持っていました。

　子どもが小学生になった時、預けられる学童保育がなく、退職するしかない、と思いました。これも偶然なのですが、学童保育を立ち上げようというグループに出会い、そこで子どもを預かってもらうことができ仕事を続けられました。公私ともに支えていただいた経験があるため、今でも、働き続けなければ、という気持ちがあるのだと思います。

いばらの道を切り拓くのが使命
　定年が見えてきたところで、課長職として人事部に異動することになりました。男性は皆、職位が上がる時に主任研修、係長研修などを受けますが、当時、女性は対象とされていなかったので、研修といえばマナー研修しか受けていなかったのです。課長職に登用された時は、今まで得意だった分野でもなく、いきなりステージに上げられた感じを受けました。自分はどうしたらよいのか、その後3年間悩みながら勤め続け、今年の4月に総務部の副部長に昇格しました。

　その時、会社の上層部からは、誰かが道をつくらなければならない、頑張っているお前が先にいけといわれました。本当は、自分の得意分野で管理職になりたかったところはあるのですが、このタイミングで、誰かがやらなければ次は続かない、要所要所で支えていただいた方がいたから今の自分がある、自分はそういう役割なのだと覚悟を決めました。

　とりあえず、おめでとう、と言われて辞められるのは定年しかありません。定年までは働き続け、それまでは、できる限り、女性の後輩たちのためにいばらの道を切り拓いておきたいと思います。男性陣の中に女性がいる組織が普通になるように、少しでも慣れていただく必要があると思っています。

働く上で大切にした「悔しい」、「もったいない」という気持ち
　働く上でモットーとしているのは、悔しい、もったいない、という2つの

気持ちです。会社の中では、他社に負けたくない、頑張れば自分だってできるという気持ち、今までのキャリアの積み上げをなくしたくない、今この瞬間のムダがもったいない、という2つの気持ちで働き続けてきました。仕事をしながら「悔しい」と思うと同時に、「もったいない」と常に自分を追い込んできた結果、今があると思いますので、これらの気持ちはこれからも持ち続けたいです。

　大学を卒業したときに、工学部の歴代の先輩女性にきつく言われたのが、「仕事を辞めるときには嫌でやめるな」という言葉です。それがずっと頭に残っていました。仕事を辞めたいと思う度に、それは嫌だからじゃないのかと自分に問うことを繰り返してきました。結局は、自分で働き続けることを選んだ以上は頑張っていくべきなのだと思います。

（2）組織に囚われず新たな働き方を模索する女性たち

- 17年間の専業主婦の経験を活かし、管理職として転身（日本コカ・コーラ株式会社オリンピックホスピタリティ責任者　薄井シンシアさん）
2017年7月には、著書「専業主婦が就職するまでにやっておくべき8つのこと」（KADOKAWA）を出版

最初のパート就職のきっかけは、PTA活動の活躍

　専業主婦を経て再就職した先は、娘が卒業をしたバンコクのインターナショナルスクールのカフェテリアでした。朝から利用する人も多い、2,200人近くの生徒が使う大きなカフェテリアでした。

　再就職前、娘がインターナショナルスクールに通っていた時は、日本人保護者のPTAの委員をやっていました。インターナショナルスクールの生徒の2割が日本人でしたが、日本人生徒の保護者の多くは、学校で問題が起きても、英語でコミュニケーションが取れない人も多いのが当時の実状でした。あるとき、登校拒否の日本人の生徒のために、私が通訳として学校から呼び出されることになりました。生徒の保護者とは知り合いで、私が通訳するのは、気持ちの上では嫌なのではないかと感じて、学校に、日本人の学生も多く、このままでは学校が事業として成り立たないと思われるので、日本語でサポートをするスタッフを雇用するべきだ、と提案を行ったところ、大きな問題となってしまいました。学校からは、日本人のためだけにスタッフを雇えないと言われ、保護者からは、日本人生徒が今まで以上に増えるとインターナショナルスクールで学ぶ自分の子どもたちの英語力の質が下がる、と反対されました。

　娘からも、自分の家庭は英語を話すことに問題ないので、わざわざ日本人生徒の保護者のためにPTAをやる必要はない、と言われました。しかし、人間は自分が得することばかりを考えて行動するべきではなく、社会的義務としてやらなくてはならないことがあることを娘に教えたかったため、問題解決のために奔走をしました。学校側と交渉を重ねた結果、最後には、提案が通り、日本人のスタッフを雇ってもらうことができたのです。今から思い返すと、私自身が直接的にメリットを受けない人間だったので、要求が通ったのだと思います。

そのようなPTA活動での働きぶりが学校関係者の方々の目に留まったことが、17年間ブランクがあるにも関わらず、カフェテリアの仕事をしないかと声をかけてもらうきっかけになりました。

当初は軽い気持ちでパートを始めました。子どもの食事を指導する仕事をしていましたが、気がつくと、メニュー作りを含め様々な仕事に率先して取り組んでいました。その後、カフェテリアを運営する業者から、食堂全体のリニューアルをするからマネジャーをやってほしい、とまで言われるようになったのです。引き受けたら失敗するというリスクがありますが、引き受けないのは失敗することと同じなので、引き受けてしまいました。

学校の目の前には、子どもたちに大人気のスターバックスがありました。リニューアルした後のカフェテリアでは、お洒落な雰囲気に内装を整え、子どもたちにネーミングをつけてもらってスターバックスに劣らない美味しい飲み物を安い価格で提供したところ、子どもだけではなく、その親まで幅広く利用者が増え、売り上げを大きく伸ばすことができたのです。

17年間、真面目に子育てをしてきていたので、子どもが好きなものがわかっていました。例えば、子どもが食べ物を買って捨てているのは、美味しくないからなのです。そこで、捨てることを注意することが間違っていて、きちんと美味しいものを提供すれば良いのです。カフェテリアは、人気が上昇し、バンコクでも評判の場所となりました。

52歳で掴んだ時給1,300円の仕事の経験が自分の強さに

日本に帰国して仕事を探すと、バンコクでの自分の仕事の実績は一切認められず、52歳だということを理由に、履歴書を送り続けても面接してくれる会社すら見つかりませんでした。仕事を探して5ヶ月くらい経過し、ようやく採用してもらえた仕事が、時給1,300円の電話受付の仕事です。面接のときには、皆がやりたくない雑用をなんでもやるから採用をしてほしいと言いました。

仕事を始めると、皆が引き受けたくない仕事の1つが子どもの誕生日会の担当であることを知り、誕生日会を率先して引き受けるようにしました。子どもの誕生日会の担当を続けていると、今度は親御さんの中で、自分の会社の懇親会のアレンジをして欲しいと言ってくださる方が現れて、指名で頼まれるようになりました。

仕事を長く続けてきた職場の先輩からは、あなたは電話対応がきちんとで

きていないのだから、とにかく電話だけ出ていなさい、と批判をされることもありました。そのとき、怒って辞めることも考えたのですが、それでは負けると思いました。怒りの気持ちは抑えて、積極的にお客様のことを理解して良い仕事をするように気持ちを切り替え、電話対応もきちんとできるように完璧なテンプレートを作りました。その結果、1年後にかかってくる電話は、自分宛の電話が多くなったのです。

電話受付として採用された職場で色々な仕事ができるようになった頃、バンコクのカフェテリアで知り合った欧米系ホテルの総支配人が日本に転勤して、自分が日本にいることを知ってホテルの仕事に誘ってくれました。ホテルの経験はなかったのですが、初日からいちばん大きなアカウントを任されました。その3年後には、働きぶりが認められ、ANAインターコンチネンタル東京　営業開発担当副支配人にまで昇進しました。自分の可能性を認めてくれる良いリーダーと出会えたことは、とても幸せなことだと思っています。

2011年は時給1,300円のパートだったので、いつでもその仕事に戻れる、と思えるところが自分の強さになっています。自分は、娘の身近なロールモデルになりたいという思いで頑張ってきました。娘も将来は子育てに専念したいと言っています。自分の姿を通じて、子育てに専念した17年間があったからこそ、ポテンシャルが伸ばせたことを娘に見せたかったのです。

特別扱いはいらない、再就職した専業主婦にも公平な機会を

自分のような経験は、個人としてラッキーだったということではなくて、復職したいと考える女性全てにそうした経験につながる機会が与えられなくてはいけないと感じています。特別扱いはいらないし、公平に機会だけを与えて欲しいのです。そのためには、企業も変わらないといけないのではないでしょうか。

毎日、同じマイホームから同じ会社に同じ経路で通勤し同じ環境で仕事をする生活を繰り返している従業員に、新しいアイデアを生み出してもらうことは簡単ではありません。新しい考えが欲しいなら従業員に席替えさせる、お金を渡して今まで食べたことないものを食べにレストランに行かせるなど、無理にでもきっかけを作らないと、新しい考えは出てこないと思います。

主婦で子育てを経験したことがある人は、日々、子どもの成長についていかなければいけないので進化が求められます。主婦は新しいアイデアを求め

る企業にとって、今後良い人材になるはずです。

今はチャンスの時代、再就職したい専業主婦に重要なのは"我慢"
　子どもが小さいうちは、仕事をする気になりませんでした。専業主婦がオススメな訳ではないですし、それを選択するかどうかは人それぞれです。ただ、再就職したい専業主婦に伝えたいことは、スキルは仕事を始めてから学べるものなので我慢が重要であることです。仕事の世界では、専業主婦だったことを馬鹿にする人もいるかもしれませんが、一に我慢、二に我慢、三に我慢です。まずは土台が大事で、小さくても良いから実績を作ることが大事です。なんでもいいから第一歩を踏み出すために仕事をするべきで、選びすぎてはいけないと思います。
　日本社会は終身雇用の発想が根強いせいか、例えば、店員の仕事についてしまうと、一生同じ仕事をやると思い込んでしまう人が多いのです。しかし、店員の仕事は、第一歩で、そこからどう広げるからは自分次第です。仮に、1か所で店員をやってみて、1年間一生懸命働いて、会社側がそれに応えてくれないなら、他社に乗り換えて働けば、同じ時給でも別の経験になるのです。会社が変わることで、その業界のエクスパートになることだってできます。
　今いる場所で何を学べるのか、ずっと同じ仕事しているのではなく、学ぶものがなくなったら変わることが大事です。専業主婦も、自分を成長させてくれる企業を選ぶことが大事で、使い捨てにされるところは辞めればよいのです。売り手市場なので、ブランクが長くても、今はチャンスの時代です。

第三章　事例で見る、働き方改革を牽引する女性たち

・専業主婦からパート、会社員として再就職（株式会社Waris（以下Waris）ワークアゲイン事業統括　小崎　亜依子さん）

専業主婦を脱却するためにパートから再出発、正社員に挑戦

　大学卒業後は金融機関で働いていましたが、夫が社費で留学することになったので、キャリアを見直す機会だと思い、勤めていた会社を退職して自分も留学をすることにしました。自分の留学先の大学院は、現地に引っ越しをしてから、夫の留学期間と留学場所を考慮して探しました。ここなら通えるのではないかと思った大学院を見つけ、直接大学院のアドミッションオフィスにアポイントメントを取って、なぜ入学したいのかをアピールしました。当時は、この大学院を断られたら他にチャンスはないと思っていたので、必死でした。

　留学が終わった時、妊娠8ヶ月でした。夫は、転勤のある企業に勤め、いつか転勤するとわかっていたので、いつどこに行っても、仕事ができるように、帰国してからは資格の勉強を開始しました。

　第二子が生まれる時に、夫が家族と自分のその後のキャリアを考えて、転勤のない仕事に転職をすることになりました。第一子が2歳、第二子が0歳とまだ小さかったので、約1年間は再就職せずに専業主婦として、育児と家事を全て自分が担っていました。

　第二子が1歳の時に、子どもを預け入れてとにかく働き始めよう、と思いました。その時は自分が育児を全て担っていたので、NPOで週3日、1日6時間のアルバイトという形で、時給1,000円で働きました。名簿を作成したり、郵便局にお遣いに行ったりする単純な仕事でしたが、働けることが嬉しく、初任給を頂いた時は、泣くほど嬉しかったです。夫に何かを言われたわけではありませんが、夫が稼いだお金で、友人と優雅にランチをしたり、好きな洋服を買う気にはなれませんでした。働いてお給料を頂いて自分の好きなものを買う自由というものがあることを感じ、働くことの良さを改めて感じました。

　仕事を続けていくうちに、仕事内容に慣れてきて、もう少し仕事の幅を広げたいと感じるようになってきました。丁度、職場からも、プロジェクトに積極的に入って欲しいとも言われるようになりました。プロジェクトに入ること自体は問題がなかったのですが、子どもが急に病気になった時に備えて

病児保育代を出してほしい、と言ったところ職場から支給してもらえることになりました。知らない間に交渉力がついたことを実感しました。プロジェクトの仕事に就いてからは、周囲の人からビジネスセンスがあると言っていただけるようになり、時間に制約があっても難易度の高い仕事をお願いしてもらえるようになりました。

　こうした経験が自信にもつながり、今度は正社員として挑戦をしてみようと思い、これまでの経験を活かせる求人に絞って応募し、1社から内定を頂くことができました。就職先は見つかったものの子育てのことがあったため、再就職と同時に遠方から夫の両親に引っ越してきてもらいました。その後は、二世帯住宅で一緒に住み夫の両親に育児を支援してもらいながら働きました。

再就職後に大変だったのはPTA活動
　子育てに関することで負担が重かったのは幼稚園のPTA活動です。保育園には入れませんでしたから、フルタイムで働いている人はほとんどいませんでした。結構大変な係になってしまい、インフルエンザで会社を休んでいる時にも、フラフラになりながら作業をこなしていた記憶は今でも鮮明です。
　子どもに関連する活動は、皆の善意で仕事が増えていく傾向があると感じます。前年より質を落として楽にしようと提案しても、あまり賛同する人はいませんでした。良い活動にはもちろん賛成ですが、ボランティア活動に割ける時間にはそれぞれ違いがあります。割ける時間に応じて活動内容を柔軟に見直していくような、そんな仕組みが必要だと思っています。最近では、リモートワークが普及し、土日も会社の仕事を家でやっている人が増えている中、PTA等の負担のあり方は見直すべきだと思います。

環境は自分で変えられる、再就職のためにはプライドを捨てて挑戦すること
　良い環境にいると、疑問を持つことが少なくなり、自分で何かを変える必要がありません。自分の場合は、正社員を離職した時点で、自ら良い環境を獲得しなければならなくなりました。将来こうしたいから、まずはこんな風に行動してみよう、前例もないけどまずはやってみようと努力してきました。そのことで、どうしようもない状況に陥った時は、自分で変えていかなければならない、と思うと力が出てくることがわかりました。
　再就職は、とにかくやってみること、一歩前に出ることが大切です。考え過ぎてプライドが邪魔しているようでは何も得られません。自分自身は、プ

ライドを捨てて、何でもやってきたからこそ今があると思っています。正社員として再就職できた時も、皆がやりたくない仕事を積極的に引き受けることも含めて、周りの人やチームのために何か役に立たなければと思って必死で働きました。一度、離職した経験があったからこそ持てた視点です。自分が本当にやりたいことは、自分の居場所をきちんと作ってからやると良いと思います。

離職経験は先入観をなくす、今はやりたい仕事により目が向けられる

　大学への進学、金融機関への就職と、自分なりに努力して勝ち取ってきましたが、仕事を辞めたことで自分に対する自信もなくなってしまったこともあります。一方で、ずっと働き続けていたら疑問に思わなかったこと、会社員はこうしなければならないといった先入観も同時になくなり、いろいろなものから解き放たれ、自分の気持ちや想いにより正直になりました。

　仕事はし続けたいですが、自分にとって意味がないと感じる仕事に割く時間は最低限にしたいと思っています。疲弊しない程度に義務をこなしつつも、理想を追求していく。このあたりのバランスをいつも大切にしています。自分のやりたい仕事への気持ちと使うべき時間を、適切に配分していけばよいのだと思っています。

　再就職して数年経った今も仕事をしていくことが好きなので、幾つになってもゼロにはしたくないですし、80歳になっても楽しい人と楽しく仕事をし続けたいです。

第三章　事例で見る、働き方改革を牽引する女性たち

> ・子育てのために、会社員を離職、フリーランスを経て、会社員として再就職（サイボウズ株式会社（以下サイボウズ）ビジネスマーケティング本部　久継　尚子さん）

子育てで会社員を辞めた後は、フリーランスに挑戦

　食品メーカーに総合職として入社し、営業やマーケティングの部署で仕事に携わりました。20代後半に結婚して、2回育児休業を頂いたのですが、片道通勤時間が1時間半超の郊外に家を買っていたことや、平日はほぼワンオペ育児状態だったことから、育児と仕事の両立が難しいと感じ退職しました。

　育児休業中、仕事がない状態にとてもストレスを感じていたので、退職後も在宅勤務でできる仕事があれば、働きたいと思い仕事を探しました。知り合いで独立起業した方を訪ねては、何かお手伝いできることはありませんか？と言って営業をしていました。そんな中で、会社のホームページは立ち上げたものの更新に手がまわらない、という話をいくつか伺いました。そこでクライアントの活動やイベント予定をホームページに掲載・更新する業務を請負うようになりました。定型のページの更新からはじまり、徐々に取材記事の企画なども担当させていただくようになりました。

　営業活動の中で、起業して会社を経営している方などとランチをご一緒させていただく機会もいただきました。どのような仕事をしているのか、ネットワークづくりなど、起業した方ならではの経験を伺うだけでも非常に勉強になります。さらに、業務として関わらせていただくと、仕事の進め方やコミュニケーション術など、身をもって経験することができるので、自分にとってかけがえのない経験になります。業務委託は会社員と違って、毎月決まったお給料はありませんが、活動したことがダイレクトに報酬や信用となって自分に返ってきます。一度仕事をいただいたクライアントに「またあなたにお願いしたい」という言葉をいただける時は、本当にうれしくて、手探りしながら、この働き方はおもしろいと感じていました。

　そのような働き方をしているときに、Warisを立ち上げたメンバーの米倉さん（同級生）にお声がけいただき、女性の働き方に関する座談会に参加することになりました。私と同じような働き方をしている方もいたのですが、共通して、仕事を自分で開拓・獲得することが大変で、仕事を紹介してくれるサービスがあったらいいなあ、という意見が多く出ていました。その後、

第三章　事例で見る、働き方改革を牽引する女性たち

Warisで企業とキャリアを持つ女性フリーランスをマッチングするサービスが正式に立ち上がりました。Warisを通じて案件を紹介していただくようになって仕事が増え、ほぼ毎週月曜日から金曜日、在宅勤務ながらほぼフルタイムで働いていました。

「キャリアママインターン」が、会社員としての再就職の良い試行期間に

　下の子どもが小学校に入ってから、子育ての負担が徐々に減り、余力が出てきたなと感じはじめました。そのころには、業務委託の形でwebサイトの運営やコンテンツ企画の仕事をさせていただくようになり、成果が世の中の多くの方の目に触れる仕事にも関わって、とてもやりがいを感じていました。一方で、在宅で部屋にこもって一人で考える時間が多く、今後5年、10年と、新しい企画やアイデアを出し続けられるだろうかと不安を感じるようになりました。フリーランスとして在宅中心で仕事をしていると、成果物を納品して初めて報酬をいただくことができるので、生み出すアウトプットは多いのですが、インプットはかなり意識的に時間や機会を作らないと獲得できません。時折、自分の考えていることが世の中の感覚とズレていないのだろうかと不安になることもあり、また組織で働いてみたいという気持ちが芽生え始めました。自分自身は40歳を迎え、無謀なチャレンジだとは思ったのですが、体力的なことを考えても、働き方を変えるならいまのうちだと思いました。

　できれば企業に再就職をしたいと考えてWarisに相談しました。その時、自分が重視していた勤務条件は、柔軟に利用できる在宅勤務制度があること、副業ができることの2つでした。しかしながら実際、そうした条件に合う企業はほとんどありませんでした。日々の業務に追われているうちに「このままでもいいかな？」と思い始めていたころ、サイボウズとWarisが共催する「キャリアママインターン」（＊子育て等を理由に離職をし、再就職を希望する主婦を一定期間インターンとして企業が受け入れる）が開催されることを知りました。現状を打破するきっかけになるかもしれないと思い、応募したところ、1ヶ月間、インターンとして会社で働く機会をいただきました。

　インターンとして働いてみて、会社に出社して働くのは、やはり楽しいと思いました。久しぶりに出社スタイルで通勤してみると、職場での何気ない雑談や、オフィスにいる人たちの働きぶりなどで、業務の様子や、チームの関わり方が伝わってくることが刺激的でした。またサイボウズは業務でグループウェアを活用しているので、自分の所属する部署はもちろん、他部署

の人たちの業務の様子も知ることができます。リアルオフィスとグループウェア上のバーチャルオフィスが存在するおかげで、1人在宅フリーランスで感じていた閉塞感が解放されるのを感じ、やはり組織で働きたいという気持ちが強くなりました。

また、インターン中は、私が家を空ける頻度が増え、家族の生活習慣をどう変えるか試したり、協力体制づくりをする上でもとても有意義な時間になりました。鍵を子供に渡して一人で家に帰らせる、用意しておいた晩御飯をあたためて食べることまで、インターン期間に色々と試して、「次はこうしてみよう」「これがあると便利だね」と家族で話し合えたことは、私だけでなく、家族みんなの心の準備をすることにもなり、再就職を進める自信になりました。

サイボウズは色々な働き方が選択できる職場環境で、ママだけではなく、老若男女を問わずそれぞれに自分なりの働き方を考えて実践しているところがなにより魅力的でした。1ヶ月間、インターンを経験してサイボウズに就職したいと思い、インターン終了後、中途採用にエントリーして採用していただきました。入社後は、週3日出社し、週2日在宅勤務をしています。出社時は打合せ中心、在宅勤務のときは、資料や原稿作成などのタスクを中心に業務を組み立てていますが、情報共有の環境がととのっているので、在宅勤務と出社の違いは感覚としてそれほどありません。

今所属しているチームは20〜30代の方が多く、考え方や感覚も多様なので、一緒に仕事をさせてもらうことでとても多くの刺激を受けます。他のメンバーより少しだけ長く、そして多少ユニークな社会人経験をしてきた分、その経験の中から共有できることは共有し、業務や若手の成長をサポートする役に立てたら嬉しいです。

チャレンジしていれば何かにぶつかる

自分自身だけでなく、親や親族が年を重ねていくのを見るにつれ、人はだれでも老いていくし、寿命は延びているかもしれないけれど、健康がいつまで続くかはわからないものだと実感します。だから、あまり先を案じて思い悩まずに、とりあえず、いまを楽しく過ごしたいと思っています。私は仕事をするのが好きなので、体力のあるうちに思いっきり働いて引き出しを増やしていき、社会とのつながりを広げていきたいです。

人それぞれ事情や環境は違うと思いますが、私がキャリアを考える時、重

視しているのは自分自身の腹落ち感。例えば、「企画を考えて、それが形になっていく過程が好き」という気持ちを大切にしています。それから、心がけていることは「ないものを数えない」こと。あれがない、これがないと考えていると気が滅入るし、身動きできなくなってしまうので、例えば、夫がイクメンじゃないと悩むより、仕事をすることに文句を言わない夫がいる、郊外で子育てサービスが少ないと嘆くより、自然豊かな環境でおおらかに子育てできる、と思うようにしています。私はズボラだし、掃除や洗濯も得意ではないですが、自分と家族が不幸にならなければ充分。そんなのんきな性格に嫌な顔をせず、つきあってくれる家族には感謝するばかりです。

　自分のこれまでの生き方を表現するとしたら「どんぐりコロコロ」でしょうか。あの人に会いたいとか、この話を聞いてみたいと思ったら何か行動してみます。動き続けていれば、なにかにはぶつかります。そこには出会いがあるし、その中には思いがけないチャンスも潜んでいるかもしれません。もちろん不安なこともありますが、やらずにモヤモヤとしたストレスを抱えているよりは、やってみて失敗したら、軌道修正してもいいし、場合によっては諦めがつきますよね。そんな「どんぐりコロコロ」を繰り返しているうちに、今の職場と出会うことができたので、本当に有難く思っています。

> ・会社員時代に副業をしながらフリーランスへ転身（イラストレーター　吉澤涼子さん　ペンネーム：はまぐり　涼子さん）

会社員として徹夜もいとわず、両立して始めた副業

　震災の影響もありフェイスブックが情報交換の場とする人が増え、自分も使い始めました。友人たちが写真を載せて、共有しあっているのを見ていたのですが、沢山の写真が溢れかえる中で自分らしさを出したくて絵を載せるようにしてみたところ、多くの友人から反響がありました。

　そんな頃、自分が描いた実在の人の似顔絵のイラストを従姉妹が見て、彼女が非常にそのイラストを気に入ってくれました。それがきっかけとなって、シネスイッチ銀座で上映される映画の感想をイラストで描く仕事のお誘いをいただきました。そのような仕事は未経験でしたが、是非やりたい、と思いお受けしました。シネスイッチ銀座からは、自由に、一般の目線で描いてほしいとのことでした。趣味で絵日記を描くことはあったのですが、映画の感想を絵日記のような形で描いたことはなかったため、自分で試行錯誤しながら始まりました。2014年頃の話です。

　現在まで約3年半続け、シネスイッチ銀座のために作成したイラストは60枚（インタビュー時点）になりました。実は、シネスイッチ銀座の仕事をやり始めてから、地元のチラシの仕事、似顔絵やウェルカムボードなどの仕事が、知人などから依頼されるようになっていました。最初の頃は、1つの仕事が三万円でも10個生み出せばそれなりの収入になるので、単価は少額でもコツコツやっていくという考え方を持っていました。去年から今年の始めまでは、まさに副業で、収入は低いけど、自分にとってはライフワークであり中心の仕事という感覚で取り組んでいました。住まいが郊外なので、本業のために東京で仕事をするのは、暮らしを支えるために必要な出稼ぎという感覚です。

　イラストを始めた時は会社員としてフルタイムで働いていたため、イラストの仕事は帰宅してから夜に、時には徹夜をすることもありました。自分本来の力を出すことができる場なので、徹夜をすることは厭いませんでした。会社員と絵の仕事を両立させながら働き続け、会社員として一度転職を経験しました。転職活動時点でイラストレーターの仕事を継続したい意思が明確だったのですが、副業等多様な働き方を可能にしている会社が声をかけてく

ださったので転職を決めました。

フリーランスとして新たな出発、人生は折り返し地点で定年はない

　今までシネスイッチ銀座のお仕事は依頼された内容に応える仕事だったのですが、今年になって、作家として、自分の中から湧き出るものを形にしたい、描きたいと思うものを思い切り描きたい、と考えるようになり、２月に初めて個展をやってみました。個展は、自分の作品を見せびらかすようで最初は抵抗感があったのですが、自分の創作の方向性やアウトプットを確認する機会であるという発見がありました。個展をやったことで、多くの知人に、普段フェイスブックに掲載していたような絵だけではなく、私の中には色々な創作の世界があることを認知してもらえる良い機会になりました。

　初めて個展をやったことで、作りたいものが増え、立て続けに４月にも個展を開いたのですが、それが新たな仕事を頂くことにもつながりました。自分の世界観を、個展という場を通じて出すことで仕事につながるという面白さを感じ始め、夏の数カ月のうちに起こった様々なことが引き金となって、会社員の仕事は辞めイラストレーターを本業とすることを決意しました。

　今は40代前半、人生折り返し地点で先は長いなあと思っています。しかし、80代になっても絵を描いている人もいるので、手と目が動く限り描き続けたいと思っています。絵を描く仕事には定年退職はないので、あとは、描きたいという意欲とか好奇心をどう保つか、ということと、体力が大事だと思っています。体力については定期的に体を動かす運動も行っています。なるべく徹夜はしないように心がけていますが、いくつになっても月に１回ぐらいは徹夜ができる気力と体力は維持しておきたいです。

アウトプットのタイミングは人それぞれ

　会社員として経験を積んだことは、イラストレーターとしても非常に良かったと思っています。色々な業界で経験を積んだので、色々な業界の掟、常識、やりとりがあることを学べました。小さな会社も大きな会社も経験させてもらい良い経験知となりました。イラスト制作や作家としての作品は、その人にしか出せないアウトプットであり、知的生産活動であると思っています。会社で行う知的生産活動は、データ分析、プレゼン、会社の商品の販売、マネジメントなどで、一見イラストレーターの仕事とは結びつきませんが、自分としては会社で社員としての経験ができたことはとても良かったです。

もちろんリスクはあると感じていますが、リスクはどこかで背負わなければなりません。必要以上のお金さえ求めなければ背負えるものだと思っています。年を重ねると、良いものを食べたい、旅行をしたい、良い服を着たい、という気持ちになるので、そういうあれもこれもという欲望を脇に置いて、選択していくことも必要だと思います。ただ、今は自分が作ったものが人の目に触れ楽しんでもらえることが、私にとっての幸せであり活力になるのです。

　アウトプットのタイミングは人それぞれであって、自分は、20代ではアウトプットする準備ができていませんでした。振り返ると、30代後半が私にとってのアウトプットのタイミングだったのだと思います。今年の4月の個展を契機に絵本製作のお誘いも頂いているのですが、創作活動において、自分の持っているものだけで何かを作り出そうとすると、必ずと言っていいほど壁にぶちあたります。出版社の方からは、「色々な人に会って、色々なところを旅して、沢山遊んでください。それがあなたのアウトプットになる」と助言を頂きました。誰にも経年変化があり、様々な経験を積むことによって、人間はそのぶん変化を起こすと思います。色々な人に会って違いを知り、刺激を受け、失敗も含めて色々なことを経験することによって、自分の表現の深みが増していくのではないかと思います。そういった経験を得るにはお金がないとだめとか、そういうことではなく、お金はないなりに、モノの学び方、人との出会い、旅や遊びの仕方は色々な方法があると思っています。

何がつながるかわからない、まずはやってみることが大事
　現時点で自分が子供を持って家族を養うという想定はしていないので、その分与えられた時間は創作活動に費やしたいと思っています。人間には一人ひとり役割があって、家族を持って子育てをすることで成熟していく人もいれば、絵や音楽などなにかの才能で人を喜ばせ自分の人生を深めていく人もいます。大学の後に行った専門学校で、イラストレーターでは食べていけないと頭ごなしに言われた影響もあり、26歳の時にグラフィックデザイナーになろうとして勉強していたことがありました。ある編集社の採用面接に行った時に、40代ぐらいの採用担当の女性から「26歳、遅いよ」と一言言われて、その言葉に衝撃を受けて、グラフィックデザイナーになることを諦めてしまいました。
　結局自分が望んでいたのは絵を描くことだったので正直得意でもないグラフィックデザインの世界に無理やり入ることがなくて良かったと思っていま

す。幸い、インターネットが発達したおかげで誰でも自分の絵を発信できる時代になりました。私がフェイスブックに手書きの絵日記を載せていたのは、仕事を得ようと思っていたからではなくただ表現する場を求めていたからでした。しかし、発信することは思わぬ結果になることがあるのです。今でもフェイスブックを通してとか、インスタグラムを見た人から、様々な依頼を頂いています。正直、すごい時代になったなあと感じると共に、どこからどういう風につながるかわからないので、発信は大事なことだと思います。

・転職を機にNPO職員の仕事をしながらパラレルワークに挑戦（米国CCE.Inc.認定　GCDF-Japanキャリアカウンセラー　女性労働協会認定講師・高校生進路支援講師・NPO法人職員　櫻井　香織さん）

もっと社会に貢献できる仕事をパラレルでやりたい、転職を決意

　前職では、大手メーカーの人事担当者として、主に組織開発や社員のキャリア開発に関する施策立案と運営をしていました。自身が育児休業から復職すると、ワーキングマザーのキャリア相談を受けることも増えたので、キャリアカウンセラーという資格を取得し、社員のライフとキャリアの両立を支援できるように社内でプレママ＆プレパパセミナーを企画し導入したこともあります。長期的な視点で一人ひとりのキャリアについて20代から60代までのキャリアマップを可視化して自身のライフイベントに合わせてどのように自分の描くキャリアを実現したらよいか、というセミナーの企画とファシリテーターをしたのですが、その時に自分のキャリアマップのサンプルを作成してみて、定年まで企業人のまま働き続けていいのかと疑問に思いました。

　50代ぐらいになったら、一企業の中だけでなく不特定多数の人に貢献できる仕事、社会に貢献ができる仕事をパラレルでやりたい、という思いが強くなっていきました。前職では、組織構成上、団塊世代やバブル世代が多い中で、それらの世代の能力を活性化するための施策を検討するプロジェクトにも参加をしていたことがありました。そこに参画をしていたメンバーと一緒にプライベートな時間や就業時間の一部の時間を活用してインターンシップ制度や副業制度を設けることを提案したのですが、労務管理上のハードルが高く実現することはできませんでした。

　その提案は実現できなかったものの、自分自身が勤め先1社のためだけではなく、社会全体に貢献できるような仕事に携わりたいという思いが強くなり、48歳の時に、副業のできるNPO法人に転職をしてしまいました。

　転職をする時は、収入が下がることも覚悟し、年収ではなく、自分が生涯にわたって貢献したいこと、実現したいことにどのように時間を割くべきか、その為に最低いくらあれば我が家の生活が維持できるのか否かを冷静に考えて、判断しました。前職では、子育てをしながら管理職に従事していたため、多くの時間を仕事に縛られることが多く、時間の使い方も見直したいという思いがありました。

優先順位は、時間配分、仕事へのやりがい、社会貢献できる仕事内容、副業が可能な職場、などです。年収だけで見れば、前職の方が大手企業であったことから良かったのですが、年収や肩書きにこだわる一般的な価値よりも、自身がやりたいことで得られる価値を選びました。

副業で世界観が変わった
　転職や副業が実現できたことで生活スタイルも変わり、子どもの育児にも関わりながら日本社会全体のことを考えるようになりました。ウィークデーの日中は現在の仕事を中心にして、副業は空き時間を活用しながらキャリアカウンセラーの資格を活かして高校生の進路支援や女性のキャリア開発の支援を行っています。副業を始めたことで、個人が専門性を持っていれば、社会には様々なニーズの仕事があって、１つの会社に定年まで所属しなくても良いと気づきました。一方、大企業に勤めていた時は、報酬が手厚く、生活が保障されていたことにも気づきました。
　お金に縛られるのか、自分のやりたいことを優先するのかで価値観は大きく変わります。固定概念で自由になれない人も多いと思います。勤めている会社名や役職名にこだわり、そうした肩書きを個人の功績として維持したい人もいると思いますが、それだけにこだわると身動きが取れません。
　副業を行ったことで、社外の人と会う機会が増えましたし、個人として繋がる方も増えました。大企業に所属していた時に社外で繋がっていた人の中にはそのまま繋がっている人もいれば、そうでない人もいます。人間関係を良い意味で見直す機会ともなりました。

共働きであることで、お互いチャンスが広がる
　企業の人事部にいた時から、会社にいる人たちが、本当にやりたいと思っていることや、興味のあることを仕事に活かせるように、支援することを信念に行動してきました。その土台として、前職では一人ひとりがライフの事情に合わせて柔軟に働くことが実現できるように在宅勤務制度の導入や働き方改革の推進もしていました。自身の共働きの経験から、配偶者（夫）が帰る時間が遅いと、働く女性（妻）のキャリアの機会が奪われることは身に沁みており、男性も女性もキャリア形成の機会が均等に与えられるようにしたかったのです。さらに、無制限の働き方ではなく、誰もが８時間の就業を意識する働き方のマインドセットの為の活動も推進しました。一律のキャリア

ではなく、様々なキャリア形成のパターンの事例が生まれることで、多くの人が働きやすくなっているのではないかと思っています。

　そして、自分が現在、好きな仕事を選択できるのは、共働きであったことが大きかったと思います。男性でも、配偶者（妻）が働いていれば、自分と逆のケースもあるのではないでしょうか。

企業勤めでも固定的な価値観には囚われず、興味、関心があることを考える

　会社の人事部にいた頃は、多くの社員の本音を聞くことも多く、当時は、会社経営のあり方について、リアルに感じていることと、理想に思っているもののギャップがあっても、多くの人が本音を隠しながら組織にいると感じていました。特に大企業で働く人は、企業の中にいると生活が保障されていると感じるような固定概念や、固定的な価値観に囚われています。自分には何ができるか、何に興味があるか、何をして終焉を迎えるかについて、早い時期に一度じっくり考える機会を持った方が良いと感じます。忙しさに忙殺され時が流れるのではなく、自分が何のために（何をするために）生まれ、自分ができることは何か、終焉を迎える時にどんな自分でいたいか、などを考える時間があっても良いのではないでしょうか。

　自分自身は、これからも自分の強みや興味・関心のあることに対して時間をかけてスキルアップしていきたいですし、社会に還元できるような自分でいたいです。そのために、社会で何が困っているか、何に貢献できるか、企業や組織にこだわらず、いろいろな人と接点を持ちながら学びたいという気持ちがあります。地方でも海外でもいい、何かやりたいと思った時に自分が動けるようにしておきたいと考えています。日頃からそのような自分の思いは家族に伝え、そういう働き方や選択ができるように健康も大事にしていきたいと思います。

（3）女性発の働き方改革を促す５つの条件

・成長意欲のある女性人材の活躍推進

　今回のインタビューでは、協力して頂いた女性の多くが、出世・昇進への関心が低く、得意な仕事や関心の高い仕事、社会へ貢献できる仕事を優先したいと考えていた。

　女性の活躍を推進していくためには、女性個人の努力も必要だが、薄井さんのインタビューの中にもあるように、専業主婦としての仕事のブランクがあっても、成長意欲の高い女性に対して「公平に機会を与える」ための制度や仕組みが必要だといえる。

　組織内で活躍しているFさんは、女性が少ない組織であったにもかかわらず、転勤や異動を通じて多くの機会を与えられ、それが管理職として活躍する現在のキャリアに繋がっている。一般職から総合職に転換したEさんは、所属している企業の人事部の判断で転換の機会が与えられ、総合職として多くの顧客にサービスを提供する仕事をされている。フリーランスとして働いていた久継さんはキャリアママインターンを活用できたことが、サイボウズに就職する契機につながっている。これらの例からも、企業の取組み次第で、成長意欲の高い女性の活躍の場を創り出せる可能性があることが分かる。

　性別や年齢、離職後のブランクの長さ、入社した時の職種で、仕事内容や責任範囲を限定するのではなく、まずはより多くの機会を提供しようという姿勢が優秀な人材の発掘や維持につながり、企業が活性化する原動力になる。

・時間の制約に捉われずに働ける職場環境

　Aさん、Bさん、Cさんは、子育てを理由に離職することもなく、仕事と子育てを両立しながら働き続けている。皆フルタイムで働いているものの、自由に残業や出張をすることができず、相対的に制約のある環境で働いている。さらに、Dさんは、長時間労働の職場を転職し、それまでの経験を活かして仕事の生産性を高め、個人の生活を充実させながら、メリハリのある働き方をしている。

　Aさんは、20代の時代に限界まで挑戦して仕事のスキルを獲得し、現在は、子育てをしながら仕事をいかに上手くマネジメントするかを考え、Bさんは苦手な仕事を極力回避しコアコンピタンスとなる仕事に注力することを心がけて働いている。また、Cさんは周囲の人が嫌がる仕事を率先して手掛ける

ことで自らを位置づけ、Dさんは、仕事の質へのこだわりを人一倍持ちつつ業務時間内は得意な仕事に最大限力を注ぐことに価値を見出している。
　モノクロだった男性中心の職場に比べると、個々人が自らの価値観を持ち、仕事と生活のバランスを取り、人生をマネジメントしていることが分かる。長時間労働を是としない働く女性が増えれば、効率的な働き方、各々の強みを活かしたチームプレー、それによるチームとしての仕事の質の向上、周囲の人と専門性や価値観を大切にする働き方を実現することにつながるのではないだろうか。
　時間に制約のある女性が活躍できる環境を整備するためには、時間や場所を柔軟に選択できる職場環境づくりと、時間あたりの仕事の成果や質等がきちんと評価をされる人事評価、及びこれらを実効させる職場の風土づくりが必要だ。
　久継さんからは再就職先のサイボウズの職場環境の働きやすさ、櫻井さんからは大手メーカーの人事担当者として社員に対する在宅勤務制度導入の話をご紹介いただいた。こうした取り組みは子育て中の女性だけではなく、全社員に通じるものだ。

・**働く女性に対する男性管理職と配偶者（夫）の理解**
　今回のインタビューに協力頂いた女性の多くが、女性が働くことに対して理解のある男性管理職に恵まれ、配偶者（夫）からの協力を得ている。
　子育てをしながら働いているAさんとBさんは、出張等の時は、配偶者（夫）が勤務時間を調整するなど可能な範囲で協力をしてくれた。Fさんは、子どもが小さい時は、保育園に送るのは配偶者（夫）の役目であったという。小崎さんは、一度は家庭の事情で離職をしているものの、配偶者（夫）が小崎さんの再就職を視野に将来のことを考えた結果、転職を選択し、Cさんの場合も、妻がキャリアを継続することを理解し配偶者（夫）は海外に単身赴任した。
　今回のインタビューでは、家事の分担が上手くいっているか否かまで言及できないが、妻が働き続けるには配偶者（夫）が可能な範囲で協力をすることが必要であることは間違いない。
　Eさんは、一般職から総合職に転換して活躍できたのは、周囲の男性管理職が「良い意味で守ってくれた」からと言う。薄井さんも、自分が携わってきた仕事をきちんと見てくれたホテルの総支配人（男性）が、未経験の仕事

の機会を与えてくれたと述べている。女性の意欲や能力を引き出すには、単に機会を与えるだけではなく、成長を支援してくれる男性管理職の存在が大きいことが窺える。

一方、Fさんは、直属の男性上司が女性初の育児休業の取得を勧めてくれたものの、子育てと両立しながら働いている間に悔しい思いをした経験を語っている。長時間労働が当然の職場で定時後も続く社内会議の白熱した議論から子どものお迎えのために一人退席し、涙を流した経験もあったという。

男性に限らず、管理職には女性に対する支援に加え、自身が率先して長時間労働の改善に取り組むことなどにより職場の働き方を変えることが求められている。

・副業・兼業の選択の自由

今回のインタビューに協力頂いた方々の中で、吉澤さん、櫻井さん、久継さんの三人は副業の経験者である。

櫻井さんは、48歳の時に、一つの企業だけのためではなく、不特定多数の人のために仕事をしたいという思いから、副業が行えるNPO法人に転職した。副業の経験を通じて、社外で多くの人と関係を作り、様々な経験を積み重ねている。

吉澤さんは、副業が容認される企業で会社員として勤め続け、40代前半に副業であったイラストレーターを本業にして独立する決意をした。イラストレーターとして高齢になっても働き続ける意志を明確にした。

久継さんは、子育てを理由に離職した後にフリーランスとして働いていた時の仕事を続けられるように、再就職先として副業ができる企業を探し、サイボウズはそれが可能な数少ない企業であった。

副業・兼業を認めることは、本業に集中できない、情報漏えいや利益相反等のリスクを伴う、長時間労働を助長する、等の理由で後ろ向きな企業が多い。しかし、副業・兼業を自由にすれば、久継さんのように多様な経験を持つ人材を獲得できる、櫻井さんのように社外で様々な経験を得て本業にもプラスの影響を与える、などの効果が期待できる。個人の人生設計という視点で見ても、吉澤さんのように、副業が自分の能力や適性を伸ばし新たな挑戦に向かう機会となる可能性がある。人生100年時代とも言われているように、超高齢化社会を迎えると、高齢者の活性化は企業運営、政策運営でも極めて重要なテーマとなる。自由を与えることで、多くの人たちが定年に関係なく

働くスタイルを模索できる環境を創ることは重要だ。
　櫻井さんが大手メーカーの人事担当者の経験を通じ、様々な問題意識を持ちながらも、固定的な価値観に囚われ、自由になれない人が多いと指摘していることは示唆深い。

・働く女性を支援するサービス
　インタビューを通じ、子育てをしながら働く女性が、仕事と生活のバランスを取るために、様々な外部のサービスを利用し行っていることが分かった。
　Bさんは今回協力頂いた方々の中で唯一三人のお子さんを子育てしている方だが、幼稚園で使う袋などは手作りせずに買う、子どもの見守りのためにシルバー人材センターにお願いする、料理ができない配偶者（夫）でも夕食が準備できるように即席の食品をストックしておく、などにより育児・家事の負担を軽減する工夫をしている。
　一人で育児をこなすCさんは、時間をかけないように冷蔵食品等を冷蔵庫にストックし、短い時間で食事の準備ができるようにしている。Fさんは、遅い時間まで預かってもらえる民間の保育園や学童保育に子どもを預けられたことが就業継続に重要だったとしている。また、久継さんは、子育て等を理由に離職した総合職出身の女性に仕事を提供する企業（Waris）から、業務委託の形式で高いスキルが求められる仕事を紹介してもらい、子育てをしながらフリーランスとして働いていた。
　このように、働く女性は様々な支援サービスを求めている。
　一方、小崎さんは、配偶者（夫）の実家の家事・育児支援を受けられる環境の中でも、最も大変だったのは幼稚園のPTA活動だったと指摘している。働く母親ばかりではないコミュニティ活動の効率化や負担軽減は簡単なことではなく、効率性だけで片づけられない地域の事情があることも確かだ。しかし、PTA活動などに役立つITツールなどを提供できれば、大きな摩擦なく働く母親の負担を軽くできる余地があるのではないか。
　働く女性の数と女性が働ける時間を増やしていくためには、働く女性の家事・育児等負担の軽減につながるサービス市場拡大が求められている。

コラム

・若い女性の就業観

　株式会社日本総合研究所「高学歴女性の働き方調査」(2015)によれば、学生時代の就職活動において、「将来あなたが結婚や出産をするときが来たときに、仕事を辞めないで働き続けることができる職場かどうか、という視点で就職先を考えたか」と尋ねたところ、若い世代ほど考慮して就職先を考えたことが明らかになっている。新卒で優秀な女性を採用した企業にとって、仕事と家庭の両立がしやすい職場環境を整備し、かつ、その情報を自社のホームページ等で開示することは意義があるといえる。

就職活動時点で、結婚・出産後に就業継続できる職場か否かという視点で就職先を考えたかという質問に対する回答結果

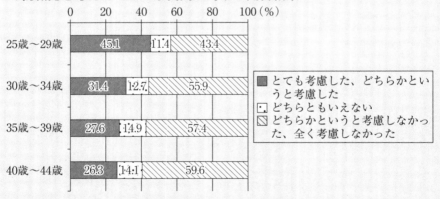

出所：株式会社日本総合研究所「高学歴女性の働き方調査」(2015)

コラム

・一般職が満足できる職場環境

　株式会社日本総合研究所が2015年3月に実施した調査では、仕事に対する満足感の高い一般職女性が働いている職場環境の特徴として、能力やスキルの活用ができる（55.2%）、達成感が得られる（52.9%）、上司に意見を言いやすい環境である（52.9%）と回答した女性が半分を超えていた。定型的業務を行う一般職においても、仕事を通じた能力やスキルの活用、達成感が得られる職場環境の提供が、仕事の満足度を向上させる重要な取り組みであることが窺える。

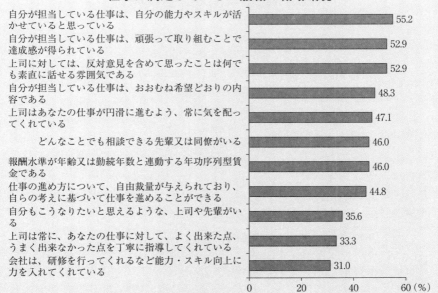

仕事に満足している一般職の職場環境

項目	%
自分が担当している仕事は、自分の能力やスキルが活かせていると思っている	55.2
自分が担当している仕事は、頑張って取り組むことで達成感が得られている	52.9
上司に対しては、反対意見を含めて思ったことは何でも素直に話せる雰囲気である	52.9
自分が担当している仕事は、おおむね希望どおりの内容である	48.3
上司はあなたの仕事が円滑に進むよう、常に気を配ってくれている	47.1
どんなことでも相談できる先輩又は同僚がいる	46.0
報酬水準が年齢又は勤続年数と連動する年功序列型賃金である	46.0
仕事の進め方について、自由裁量が与えられており、自らの考えに基づいて仕事を進めることができる	44.8
自分もこうなりたいと思えるような、上司や先輩がいる	35.6
上司は常に、あなたの仕事に対して、よく出来た点、うまく出来なかった点を丁寧に指導してくれている	33.3
会社は、研修を行ってくれるなど能力・スキル向上に力を入れてくれている	31.0

出所：株式会社日本総合研究所「高学歴女性の働き方調査」（2015）

＝コラム＝

・働く女性が必要とするサービス

　株式会社日本総合研究所「高学歴女性の働き方調査」（2017）が実施した調査では、働く女性が求めるサービスを尋ねた。最も多かったのは、「家庭内で一時的に困ったことを依頼できるサービス」（30.2％）であり、つづいて「大量の不要品の価格算定・買い取り・回収の一括サービス」（20.4％）、「家政婦による自宅の掃除サービス」（20.1％）である。食事のような日常生活に組み込まれている家事よりも、家庭内で急に発生したことに対応してくれるサービスを求めている状況が表れている。

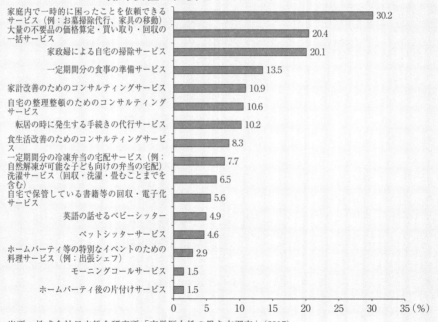

働く女性が必要としているサービス

出所：株式会社日本総合研究所「高学歴女性の働き方調査」（2017）

第三章　事例で見る、働き方改革を牽引する女性たち

コラム

・男女の平均勤続年数

厚生労働省「平成28年賃金構造基本統計調査」によれば、全産業の平均勤続年数は、男性13.3年、女性9.3年であり、一定の差があることが分かる。女性が男性と変わらず働き続けられる環境整備の進捗状況を示す指標の1つとして、平均勤続年数の差の変化を定期的に確認していくことも重要である。

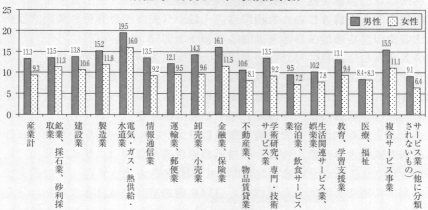

業種毎の男女の平均勤続年数

出所：厚生労働省「平成28年賃金構造基本統計調査」より作成

第四章

女性発の働き方改革で男性も変わる

（1）組織に閉じ込められてきた男性

・男性は育児休業を取りづらい

　女性の活躍を広げていくためには、男性の育児への参画を進め、女性が家庭内で負っている育児・家事の負担を減らすことが求められている。「イクメン」（育児に参画をする男性）、「カジメン」（家事に参画する男性）という言葉が世の中でも使われるようになり、男性の育児・家事参画が社会全体で推奨されてきている。なかでも、企業に求められている取り組みの1つが男性の育児休業取得の推進である。

　平成28年度の女性の育児休業取得率は81.8％であり、平成8年度（49.1％）に比べ大幅に上昇した。一方、男性の育児休業取得率は、平成28年度でも僅か3.16％に過ぎず、平成8年度の0.12％に比べ増加はしているものの非常に低い水準にあることに変わりはない（厚生労働省「平成28年度雇用均等基本調査」）。

　日本労働組合総連合会が、2014年に20代から50代の計1,000人の男性を対象に実施した「パタニティ・ハラスメントに関する調査」（以下、「連合の調査」）によると、子どもがいる男性のうち、「過去に何らかのパタニティ・ハラスメントを受けた経験がある」と回答した男性が約1割いることが明らかになっている。なかには、制度の利用を認めてもらえなかった男性、上司にキャリアに傷がつくと言われた男性、嫌がらせをされた男性、などもいる。

　「育児休業を取得したかったができなかった」と回答した男性、あるいは、「子どもが生まれた時には取得したいが取得できないと思う」と回答した男性はそれぞれ約半数程度に上る。「育児休業を取得できなかった」、あるいは、「取得できないと思う」理由としては、「仕事の代替要員がいない」（57.9％）が最も高く、以下、「（育休中は無給のため）経済的に負担となる」（32.6％）、

「上司に理解がない」（30.2％）となっている。

第二章の中でも、日本総合研究所「男性管理職の意識調査」（2015）の調査結果として、「子どもが3歳くらいまでは、母親は仕事を持たずに育児に専念すべきと考えている」という考え方に賛同している男性管理職が約6割に上り、女性の登用に賛同している男性管理職でも同様の傾向が見られることを示した。中高年の男性管理職の中に未だに「育児は母親が中心に担うべき」という意識が残っているようでは、男性部下が育児休業を取りづらいのは当然である。

こうした調査結果から、日本の職場では、休暇を取得するための制度整備や環境作り、男性の子育てに対する職場の意識啓発が十分ではないことが分かる。

・男性は有給休暇を取得しない

第二章において、育児休業復帰後女性が就業継続できる職場環境の1つとして、有給休暇の取りやすさが重要であると述べた。有給休暇が取得しやすい環境づくりは、仕事と家庭の両立に向けて必要であるとともに、休暇の取得を通じて、健康の管理度を高め、社外で多様な経験を積む機会を増やし、従業員のパフォーマンスを上げるために効果がある、という理解が重要である。

しかし、今まで日本の男性は、長時間労働も厭わず、「いつでも、どこでも、いつまでも」という働き方を是としてきた面がある。男性を中心に有給休暇の取得率が上がらない、という問題を抱える職場は少なくない。有給休暇取得率を比較しても、男性45.8％に対して女性54.1％と、男性は女性に比べて有給休暇を取得しない傾向がある（厚生労働省「平成28年就労条件総合調査結果」）。

諸外国で比べても、日本は有給休暇を取得しない国であることが明らかだ。「世界26カ国有給休暇・国際比較調査2016」（世界最大級の総合旅行サイト・エクスペディア調べ）によれば、諸外国12カ国の有給消化率を比較すると、日本の有給消化率はワースト1位である。さらに、「休み不足を感じている人」の割合が少なく、「有給休暇の取得に対して罪悪感を覚える人の割合」が多いことも特徴的である。

一般に、直属の上司が帰らないから帰りづらいことが、多くの従業員が早く帰れない理由の1つとされ、有給休暇の取得率の低さについては、男性管

理職の有給取得状況が影響している可能性もある。実際に、40代及び50代の男性管理職の約3割が、「昇進のためであれば連続休暇以外の有給休暇を取得できない状況を許容している」と回答した調査結果が得られている。(日本総合研究所「男性管理職の意識調査」(2015))

もちろん、男性管理職のなかには、「仕事量が多い」、「部下を優先的に休ませるため」といった理由など、休みたくても休めない管理職もいるだろう。一方で、休みが少ないと感じていない人が多いように、「休みを取りたい」という意識がない管理職もいるのではないだろうか。

では、なぜ、「休みを取りたい」という意識がない男性管理職がいるのだろうか。

1つ目の理由として考えられるのは、男性が抱える経済的責任の重さだ。日本総合研究所「男性管理職の意識調査」(2015)では、男性管理職の約6割が「家族を経済的に養うのは夫の役割だ」と回答している。第一章で述べた通り、日本では多くの女性が結婚・出産を機に離職してしまい、一度正規雇用従業員の職を離れた女性が、正規雇用従業員の職に復帰するのは簡単なことではない。このことから、子供ができると配偶者(妻)の多くが正規雇用を離職することによって所得が低くなると共に、家族を養う男性の経済的責任が重くなり、積極的に休みたいという気持ちになりにくいことが想像できる。

2つ目は、(特に中高年)男性が拘る体裁だ。内閣府「『男性にとっての男女共同参画』に関する意識調査報告書」(平成23年)で、「男もつらいと感じたことがある」と回答した割合は、年代を問わず約6割以上で、40歳代と50歳代の割合が高くなる傾向がある。つらさを感じる理由としては、「仕事の責任が大きい、仕事ができて当たり前だと言われること」、「なにかにつけ『男だから』『男のくせに』と言われること」を挙げる男性が約3割を超える。こうした声に対して、体裁を取ろうとすることが、休みを積極的に取れない意識につながると考える。

「休みを取りたい」という意識がない男性管理職が少なからずいることを考えると、休暇取得の促進を企業側が推進しても、働き方を変えることは容易ではないことが窺える。

・**定年後も同じ会社で働きたいと願う中高年男性**

独立行政法人 労働政策研究・研修機構「第7回勤労生活に関する調査」

（2016年）によると、年齢階層を問わず、多くの人が日本型雇用慣行を支持していることが示されている。「終身雇用」を支持する人の割合は、調査を開始した1999年以降最高の87.9％であり、「組織との一体感」、「年功賃金」を支持する割合も、88.9％、76.3％と過去最高となった。成果報酬制度に移行する企業が増える中で、日本型雇用慣行を望む人も増えているのである。

その傾向は中高年男性でさらに顕著である。株式会社日本総合研究所では、2017年に「中高年男性社員の意識調査」（以下、「中高年男性社員の意識調査」（2017））を2017年3月24日から3月27日にかけてインターネット調査により実施した。調査対象は、1987年から1992年に初めて就職をし、現在、従業員数1,000人を超える企業の東京の事業所に勤務する男性計516人である。

同調査によると、雇用機会がある限りは自ら転職をしたくないと考える中

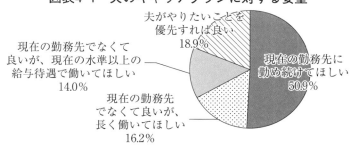

図表4-1　夫のキャリアプランに対する要望

出所：株式会社日本総合研究所「中高年男性社員の意識調査」（2017）

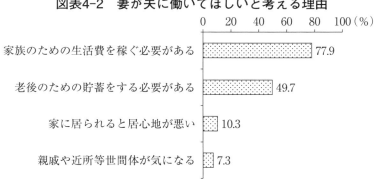

図表4-2　妻が夫に働いてほしいと考える理由

出所：株式会社日本総合研究所「中高年男性社員の意識調査」（2017）

高年男性（非管理職も含む）は約6割に上る。

　加えて、日本総合研究所「男性管理職の意識調査」（2015）によると、希望する定年後の働き方として、現在の企業（関連会社含む）でのフルタイムの就業を希望する中高年男性管理職が約7割に上っている。

　管理職であるか否かを問わず、中高年男性は、現在の職場に勤め続けたいと考えている人が多いのである。そこには、2つの理由があると考えられる。

　1つ目は、配偶者（妻）の強い意向である。日本総合研究所「中高年男性社員の意識調査」（2017）では、中高年男性に対して、配偶者（妻）が自分（夫）のキャリアプランに対してどのような要望を持っているかを尋ねている。「現在の勤務先に勤め続けて欲しい」という回答が半数を超えて最も多く、勤務先は問わず働き続けて欲しいという回答を合わせると、配偶者（妻）の約8割が夫の継続的な就業を望んでいる。その理由として最も多いのは、生活費を稼ぐことが約8割に上り、続いて、老後のための貯蓄をする、が約5割となっている。

　2つ目の理由は、キャリアを変えることへの諦めである。日本総合研究所「男性管理職の意識調査」（2015）では、今後、キャリアを変えることに関する質問を行っているが、「今後のキャリアを変えることはできないと感じている」という回答の方が、「今後のキャリアを変えることはできると感じている」という回答を大きく上回り、約6割に上っている。たとえ管理職に就いたとしも、高齢になるにしたがって転職が難しくなる状況が窺える。

　つまり、妻の希望、自身の意向双方から見て、日本の中高年男性は現状の職場で、定年後も含め大過なく、できるだけ長く働くことを望んでいる。そのことは、中高年男性が、休暇も取得せず、体裁を重視しながら、長時間働き続ける原因につながっている。中高年男性が多い組織では、新しいことへの挑戦といったリスクを取りたがらないため、組織内で働き方を変えるための新たな動きを創り出すのは難しいといってもよいだろう。

・歳を取っても変わらない中高年の自己成長への意欲

　前述した通り、中高年男性は、変化を望んでおらず、現状の職場で働き続けられることを望んでいるが、職場が中高年男性の意欲に適した仕事を与えられるかという問題もある。企業の中には、一定の年齢になると、役職を外し、給料が減額される役職定年制を設けているところもある。中高年男性の多くが働き続けたいという意向がある以上、企業側も中高年男性の活躍のあ

り方を考える必要がある。

日本総合研究所「中高年男性社員の意識調査」(2017) では、中高年男性の労働に対する価値観の調査を行った。第二章の「高学歴女性の働き方調査」と同様、労働価値観が「外的報酬に対する欲求」、「内的報酬に対する欲求」、「ハードワークに対する許容度合い」の3つの要素により構成されるとし、確認的因子分析を行うと3つの共通因子が得られた。

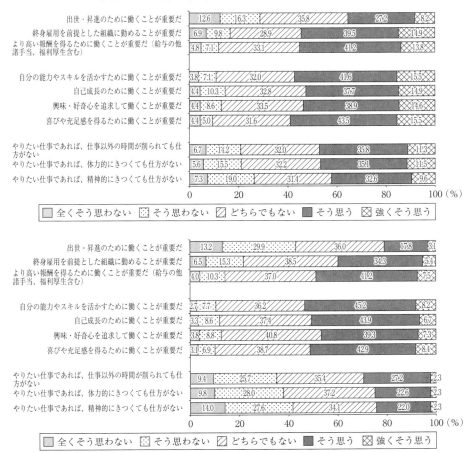

図表4-3　労働価値観に関する質問に対する回答分布
（就職活動時点（上）・アンケート回答時点（下））

出所：株式会社日本総合研究所「中高年男性社員の意識調査」(2017)

就職活動時点とアンケート回答時点に関する労働価値観の比較調査をしており、就職活動時点については、過去の就職活動時点を想起してもらい、アンケート回答時点は調査を実施した時点での理解で答えてもらっている。

両時点を比較すると、「外的報酬に対する欲求」に関わる、「出世・昇進のために働くことが重要だ」という設問に「強くそう思う」、「そう思う」と回答した男性は、就職回答時点には約3割だったが、アンケート回答時点には約2割まで減っている。また、「より高い報酬を得るために働くことが重要だ」という設問に対して「強くそう思う」、「そう思う」と回答した男性は就職活動時点とアンケート回答時点共に約5割に上る。年齢の経過と共に出世・昇進へのこだわりが薄れる一方で、より高い報酬を得たいという気持ちは変わっていない。

内的報酬に関する、「自分の能力やスキルを活かすために働くことが重要だ」、「自己成長のために働くことが重要だ」という設問に対しては、「強くそう思う」、「そう思う」と回答した男性は、就職活動時点とアンケート回答時点共約5割に上る。年齢の上昇やライフイベントの変化があっても、仕事に対してやりがいを求める気持ちは強いことが分かる。

・中高年の意欲が活かせない職場環境

中高年男性の意欲については前述した通りだが、実際に職場環境とのミスマッチはあるのだろうか。

日本総合研究所「中高年男性社員の意識調査」（2017）では、中高年男性の現在の仕事に対する満足度の調査を行っている。

図表4-4　仕事以外の時間の確保

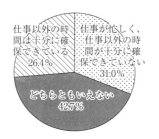

図表4-5　担当している仕事の精神的きつさ

出所：株式会社日本総合研究所「中高年男性社員の意識調査」（2017）

図表4-6　担当している仕事の体力的きつさ

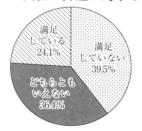

出所：株式会社日本総合研究所「中高年男性社員の意識調査」(2017)

　仕事以外の時間の確保、精神的・体力的な負荷を尋ねると、「仕事が忙しく、仕事以外の時間が十分に確保できていない」と回答した中高年男性は約3割と一定割合存在している。さらに、「体力的にきつい」と回答した中高年男性は約2割、「精神的にきつい」と回答した中高年男性は約4割であった。体力的なきつさはないものの、精神的なきつさを感じている中高年男性が少なくないことが窺える。

図表4-7　出世・昇進に対する満足度　　図表4-8　報酬に対する満足度

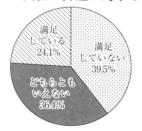
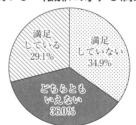

図表4-9　自分の能力やスキルの活用

出所：株式会社日本総合研究所「中高年男性社員の意識調査」(2017)

現在の仕事に対する満足度を尋ねると、自分の能力やスキルが活用できていると感じている中高年男性は約４割であり、必ずしも少ないとは言えない。一方、出世・昇進に対して満足をしている中高年男性、報酬を含め満足している中高年男性は約２割から３割にとどまっており、人事評価に対する満足感が十分に得られていない可能性がある。

　ピラミッド型のサラリーマン組織で、すべての従業員が出世や昇進、報酬に対して満足するのは難しい。中高年男性が、今後も同じ企業に勤め続ける上では、仕事を通じてやりがいや喜びを得られる環境を維持しながら、出世や昇進、報酬に対する不満を軽減するための工夫が必要である。

（２）男性中心では変われない職場

　（１）ではデータを中心に、配偶者の意向や体裁等に縛られている男性の現状を述べた。男性は女性よりも組織への従属意識が強い。そのことは結果として、多くの男性を長時間労働で働かせる要因となってきた。しかし、第一章でも述べた通り、多くの企業が外部環境の変化により、旧来の男性中心の組織のあり方の変革を求められている。

　組織の働き方を大きく変えていくための有効な手段の一つが、組織で働く女性を増やし、女性にとって働きやすい職場環境を作ることである。

　それは、筆者自身が15年近く所属している組織における実感でもある。筆者が所属している組織では、ここ数年で研究員と呼ばれる職種の中で女性が占める割合が半数近くなり、その中の半分程度が子育てしている。子育てを行う女性が少なかった頃は、研究員女性の間でも、子育ての有無で退社時間に大きな差があったが、子育てを行う女性の数が増えると、性別や属性を問わず、自分なりの価値観に基づいて働き方を選択しやすい組織の風土が醸成されるようになったと考えている。子育てを行う女性の中でも仕事と家庭のバランスは多様であるため、子育てを理由に早く帰る女性もいれば、そうでない女性も出てくるようになる。男性の中にも、少数ではあるが、育児休業を取得する人、子育てに積極的に参画する人も出てきた。もちろん、全ての課題が解消される訳ではないが、組織で働く女性が増え、意欲の高い女性が活躍できる機会を提供することは、組織を変化させる第一歩になり得る。

・管理層の視点（インタビュー）

　バブル経済崩壊前までの日本企業の組織の典型的な運営は、大卒男子の新人を会社の色に染め画一的な価値観の下で統率する、というスタイルだった。そこで重宝されたのは、例えば体力があり、上意下達に慣れた体育会系男子だ。

　こうした絵に描いたような典型的昭和スタイルの組織運営は、管理職が組織に課された目標を一心不乱に追求するために適していた。目標達成のために、文句も言わず、体力の続く限り頑張ることを前提に運営することができたからだ。個々人に不満が溜まっても、そもそも会社の色に染まることが前提だったから、調整するのは個人の側、という理屈が通ってしまった。終身雇用で転職が珍しいという日本特有の雇用環境が、社員に今の会社で頑張らないといけない、という気持ちを与え、昭和スタイルの組織運営を助長したという側面もある。

　高学歴化などで、職場で男性と同じ立場で働く女性が増えてくると、昭和スタイルの組織運営は持続不能になる。女性は体力面では男性より劣るし、あまり無茶なことも言えない。男性ほど会社に縛られていないので、辞められてしまうリスクも高い。何といっても、大学を出て同じ会社で昇進して定年まで働く、という意識がマジョリティであった男性に比べると労働価値観、人生観が余りにも多様だ。

　女性社員の数が増えだした時は、管理職は上意下達を旨とした組織運営の文化をマイルドにするような姿勢で対応しようとした。しかし、ある程度経験すると、こうしたアプローチでは女性が増えた組織を上手く運営するのは難しいことが分かった。結局、個々人の価値観の幅の大きな女性と、昭和スタイルの時代ほどではないとはいえ、相対的に価値観の幅の狭い男性が調和し、個々人の力を発揮してもらうためには、一人ひとりの事情を理解し、仕事に求める方向を共有しなければならないと理解するようになった。画一的な大卒男性社員を前提に組織を運営していたのに比べると、はるかに手間のかかる組織運営が必要になる。コンプライアンスなどが厳しくなる中で管理職の負担は増える。

　しかし、こうした組織運営をしていくと管理職はあることに気が付く。個々の女性の事情や希望を聞いて目標を共有して担当を考え、不公平が生じないように男性にも接し、そのための制度や環境を作ることで、組

織の方向性や人的な資源配分、組織作りを以前よりはるかに細かく考えるようになり、管理者として賢くなったのではないか、ということだ。それは結果として男性社員の個性を考え、能力を引き出すことにもつながってきた。

　日本企業は欧米にキャッチアップしようとしていた時代から、欧米、アジア勢に挟まれる難しい時代に直面している。以前のように、画一的な人材像と組織文化で、分かり易い目標に向けて、個人生活も顧みず邁進するだけでは勝ち残れない時代になった。かつての組織運営を続ければ、力を増したアジア勢とのコスト競争に巻き込まれることは明らかだ。日本企業なりの個性を発揮して、他国企業にはない付加価値を発揮できなければ成長は望めない。そのためには、企業を構成する一人ひとりの社員の個性を尊重し、個々人の強みを活かせる経営を実現することが前提となる。働く女性の数が増え、一人ひとりと向き合うことは、日本企業が向かうべき将来像への欠かすことができないプロセスであり、管理職が負ってきた苦労はそのための修練であったように思える。

（3）中高年男性を幸せにする女性発の働き方改革
・幾つになってもやりがいのある仕事を
　第三章（3）の、「成長意欲のある女性人材の活躍推進」では、家庭の事情で離職をした女性に対して、仕事のブランクが長いことや年齢が高いことなどを理由に仕事内容や責任範囲を限定するのではなく、成長意欲のある女性により多くの機会を提供することが重要であると述べた。一方で、仕事と家庭のバランスの取り方は人それぞれであるため、多様なバックグランドや価値観を持つ女性の意欲に応じて活躍できる職場環境を作ることの重要性も合わせて指摘した。これは中高年男性にとっても無縁な話ではない。

　今後は平均寿命が伸び、高齢になっても働き続けたいという男性はますます増えるだろう。女性が活躍できる環境を作ることは、中高年男性にとっても多様な働き方を選びやすい環境づくりにつながる。

　さらに、第四章（1）で前述した通り、転職をしたいと考える中高年男性は少ないが、仕事を通じた自己成長への欲求は強い。中高年男性においても、意欲を活かせる場が提供されれば、年齢を問わず活躍ができる機会が増える。

　例えば、ベテラン人材が不足している中小企業に、大企業の中高年男性を派遣し、社外で経験を積む機会と位置付けると共に、専門家として雇用される道を探ることも考えられる。現在の企業に勤め続けながら他社と連携して起業をする仕組みを作ることもあり得る。

　人事制度面では、最近では定年制を廃止する企業も出ている。高齢になることで体力や集中力などが低下することは否定できないが、中高年男性が培ってきた経験やスキルを活かせる機会や制度をどのように作るかが問われている。

・仕事中心型から生活との両立型にシフト
　第三章（3）の「時間の制約に捉われずに働ける職場環境」で、時間に制約のある女性が活躍できる環境を整備するために、時間や場所を柔軟に選択できる環境づくりと、時間あたりの仕事の成果や質がきちんと評価をされる人事評価や職場の風土づくりの必要性を述べた。

　また、第三章では、子育てをしながら、自分なりに、効率的な働き方や、長い目で見たキャリアのあり方構築を考えながら働く女性を紹介した。こうした女性ならではの働き方が、企業のなかで広がることは、男性の働き方の

選択肢を広げ、中高年になっても成長の維持を促すことにつながる。

　日本総合研究所「男性管理職の意識調査」(2015) では、男性管理職の約6割が介護を担う責任を感じていることが明らかになった。第一章の中でも、仕事と介護の両立ができない職場環境であったため介護離職となる人が多い現状を示したが、日頃から仕事と家庭の両立がしやすい環境整備を行うことは、介護離職のリスクを減らすことにもつながる。

　私生活の時間を増やすことは、家族と一緒に過ごせる時間だけでなく、自己啓発や、地域活動等に参加する時間を増やすことにもつながる。定年後の地域活動のデビューが簡単ではないという話はよく耳にするが、社外での生活を充実させることは、職場以外の居場所も増え、人生をより豊かなものにすることにつながる。

　さらに、両立型にシフトする男性が増えることは、組織としても意義がある。例えば、男性が1ヶ月近い育児休業を取得できる職場環境を整えておけば、突然、従業員が疾病等で休暇を取得した場合でも、周囲の従業員が臨機応変に対応できる。それは、組織にとってリスクマネジメントの1つとも言える。

　男性自身が仕事と家庭の両立を意識した働き方を実現するためには、組織として得られるメリットや重要性を企業がきちんと男性管理職に伝えていく必要がある。

・家事参画を通じた円満な夫婦関係

　第三章(3)では、「働く女性に対する男性管理職と配偶者(夫)の理解」の必要性について述べた。インタビュー事例では、理解のある男性管理職に恵まれたことや、配偶者(夫)の育児等への参画、再就職や就業継続への理解が救いとなったという声も多かった。

　今後、年齢を問わず、より多くの女性が再就職や管理職への登用等の機会に挑戦していくためには、社内では管理職として、家庭内では働く妻を持つ配偶者(夫)として、女性が仕事と家庭の両立ができることに理解を示し、自らも家庭内で育児・家事参画していくことが必要になる。

　日本総合研究所「中高年男性社員の意識調査」(2017) では、夫の現実的な家事分担の割合として最も多かったのは、「全体の20％未満」(62.7％)である一方、理想的な割合として最も多かったのは、「全体の20％以上40％未満」(38.1％)であった。中高年男性社員の家事分担の理想と現実のギャップが

図表4-10　夫が担う家事分担の現実（上）と理想（下）

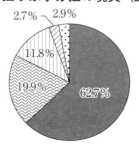

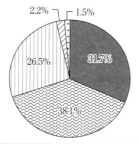

■ 全体の20％未満　☒ 全体の20％以上40％未満　☐ 全体の40％以上60％未満
☒ 全体の60％以上80％未満　⋯ 全体の80％以上

出所：株式会社日本総合研究所「中高年男性社員の意識調査」（2017）

図表4-11　夫が担う家事分担の割合と妻が夫に望むキャリアプランとの関係

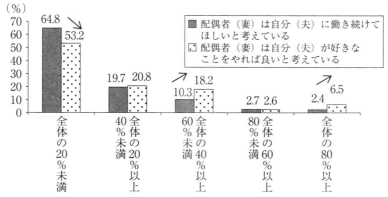

出所：株式会社日本総合研究所「中高年男性社員の意識調査」（2017）

見て取れる。もう少し家事に参画する余地があるということでもある。職場が仕事と家庭の両立しやすい環境になれば、男性の家事参画の理想と現実のギャップも解消されていくはずだ。

中高年男性の家事参画は中高年男性自身の安心感を高めることにもつながる。夫が担う家事分担の割合が「全体の20％未満」と答えた人のうち、「配偶者（妻）は自分（夫）に働き続けて欲しいと考えている」と答えた人（64.8％）が、「配偶者（妻）は自分（夫）に好きなことをやれば良いと考えている」と答えた人（53.2％）を上回っている。家事分担の割合が「全体の40％以上60％未満」、「全体の80％以上」と答えている人では、その割合が逆転している。

中高年男性が家事参画を増やすことで様々な効果が期待できる。管理職という立場で見れば、時間に制約のある女性部下や、働く妻を支え育児・家事に参画している男性部下の立場を理解することにもつながるだろう。夫という立場では、再就職したい、あるいは、仕事をする時間を増やしたいと考える配偶者（妻）の行動を支えることにつながるだろう。配偶者（妻）が再就職をし、安定的な収入を得られるようになれば、中高年男性を拘束している経済的責任感や体裁へのこだわりが軽くなる可能性もある。

子育てへの参加を増やすことも、良好な夫婦関係のために重要だ。また、子育ての経験は男性の働き方に好影響を与える可能性もある。前述した連合の調査では、約３割の男性が「子育てをすることにより、段取りを考えながら仕事が出来るようになる」（36.1％）と答えているように、男性が育児に携わることが仕事の能力を高めることにつながる可能性もある。

働き方改革で増えた余暇時間の使い方に戸惑う中高年男性も少なくないだろう。しかし、増えた時間を家事や子育てへの参画に充てることは前述したような効果が期待できる。家庭でのコミュニケーションを良くし、将来のキャリアプランや経済的責任などの面で中高年男性の安心感を高めることにつながるのである。

・副業・兼業で新たなチャンスを獲得

第三章（3）では、女性発の働き方改革を促す４つ目の条件として「副業・兼業の選択の自由」を上げた。副業に挑戦して、社外で様々な経験をしながら会社勤めする女性、自分の能力や適性を伸ばし、新たな挑戦を行う女性などの事例を通して、副業・兼業が個人の能力や適性を伸ばし、定年に囚われない働き方につながると提案した。

図表4-12　副業・兼業に賛成する理由

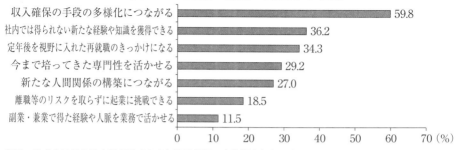

出所：株式会社日本総合研究所「中高年男性社員の意識調査」(2017)

図表4-13　副業・兼業に使いたい時間（給与と働く時間が調整できる場合）

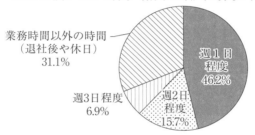

出所：株式会社日本総合研究所「中高年男性社員の意識調査」(2017)

　本業の仕事内容や時間を調整して副業・兼業をできるようにするためには、ジョブディスクリプションを明確にした上で、時間を調整して仕事を補完し合える柔軟な組織運営が必要になる。女性の仕事と家庭の両立を進めることはこうした組織作りにつながる。もともと時間に制約のある女性が活躍できるようにするためには、上述した条件が不可欠になるからだ。

　では、中高年男性はどれくらい副業・兼業に対して前向きなのだろうか。日本総合研究所「中高年男性社員の意識調査」(2017)によれば、副業・兼業規定の緩和について、賛成する中高年男性は69.1％、反対する中高年男性は30.9％である。中高年男性の過半数以上が副業・兼業に賛成している。

　副業・兼業に賛成する理由としては、「収入確保の手段の多様化につながる」(59.8％)が最も多く、「社内では得られない新たな経験や知識を獲得できる」(36.2％)、「定年後を視野に入れた再就職のきっかけになる」(34.3％)と続く。

　前述した通り、中高年男性が現在の勤め先に勤め続けたいという理由の一

つに配偶者（妻）の意向、特に、生活費といった経済的な理由がある。現状の仕事を維持しながらの副業・兼業であれば、こうした懸念がなく収入確保の手段が多様化し経済的メリットが期待されるため、過半数以上が賛成していると考えられる。

「実際に副業・兼業に挑戦をしたいか」、という設問に対しては約6割の中高年男性が副業に「携わりたい」と回答している。

「副業・兼業に挑戦をしたい」と回答した中高年男性のうち、給与と働く時間が調整できる場合、副業・兼業のために費やしたい時間は、週1日程度（給料がその分減ることを含む）という回答が最も多く46.2％、業務時間以外の時間（退社後や休日）という回答が31.1％であった。

週1日程度であれば副業・兼業をしたいという中高年男性の意欲を踏まえると、副業・兼業の解禁は、少ないリスクで今までの経験やスキルを活用しながら社外で活躍できる手段であり、中高年男性の自己成長の意欲を高める有効な方策の1つと考える。

一方、企業側にとっても、中高年男性の活躍という視点で見た場合、副業・兼業の解禁はメリットがある。年功序列型の給与体系が維持されている多くの企業は、給料が相対的に高い中高年男性に生産性を高めて欲しいと考えているはずだ。仮に、副業・兼業を解禁し、週1日を副業・兼業のために費やす働き方を中高年男性が選択をした場合、中高年男性は社内で付加価値の低い仕事を優先的に手放していくはずだ。手放された仕事を給料の安い人材にこなしてもらえば生産性が上がるうえ、やり方によっては若手の育成にもつながる。中高年男性が社外で培った経験を本業に活かすことができれば本業の付加価値が高まる可能性もある。多くの人は、年齢が上がるにつれて、変化を嫌って新しいことに挑戦することに億劫になり、価値観も硬直化する。中高年の管理職ともなればそうした傾向は一層強くなる。日本企業には中高年層の停滞感や硬直性を感じている若手従業員は多い。副業・兼業を行うことで中高年男性が柔軟で前向きな思考を持ち続けることにつながる可能性がある。

副業・兼業の解禁は、企業、中高年男性自身の双方にとってメリットのある施策と言えるのではないか。

・働く中高年を支援するサービスの拡大

第三章（3）では、女性発の働き方改革を促す5つ目の条件である「働く女

性を支援するサービス」について述べた。働く女性の人数や、女性が働ける時間を増やしていくためには、家事・育児等の負担軽減につながるサービスなど、働いている、あるいはこれから働きたいと考えている女性を支援するサービスを普及することが必要である。

　前述したコラムでも紹介をした通り、日本総合研究所が、2017年度に高学歴女性に対して行った調査によると、彼女らは家具の移動等の一時的なサービスを含む多様なサービスを求めている。働く女性向けのサービスは、今後、介護問題などで中高年男性にも歓迎されるはずだ。

　総務省統計局「平成23年社会生活基本調査結果」によれば、男性の一日の家事の平均は37分であるのに対して、女性の家事の平均は2時間59分であり、最も多く時間を費やしているのは、「食事の管理」(51.1％)である。ここから、女性向けの支援サービスの1つとして短い時間で調理できる食品などが考えられるが、それは同時に介護との両立が必要な中高年男性にとっても役立つサービスになる。

　第三章で紹介をしたキャリアママインターンという取り組みは、時間に制約のある女性に向けた新たな支援サービスの1つである。以前は、女性が子育て等で離職をした後、再就職をする時は、パート・アルバイト等の形で比較的付加価値の低い仕事に就いていた。昨今では、四年生の大学を卒業した後、企業で総合職等、高い専門性やスキルが必要な仕事に携わった経験を持つ女性が、子育て等を理由に離職をし、時間に制約はあるものの付加価値の高い仕事ができる企業に再就職をしたいというニーズが出てきている。定年後の男性にも類似のニーズがあるはずだ。

　働く女性のためのサービスは、中高年男性も含めた人達の労働参加に役立つものになる。

コラム

・業種毎の有給休暇取得率

厚生労働省「平成28年就労条件総合調査」によれば、有給休暇取得率の平均は、48.7%である。最も有給休暇取得率が低い業種は、宿泊業、飲食サービス業（32.6%）、つづいて卸売業、小売業（35.5%）、建設業（38.2%）である。消費者向けの仕事では、より良いサービスの提供に向けて、働く側のワーク・ライフ・バランスの優先順位が下がる傾向がある。消費者の側は、サービスを提供する企業で働く側の人たちへの配慮をする気持ちを持つと同時に、サービスを提供する企業側は、時間に制約のある主婦等、多様な人材を取り入れ、従業員一人当たりの負担を減らす工夫を行っていくことが必要である。

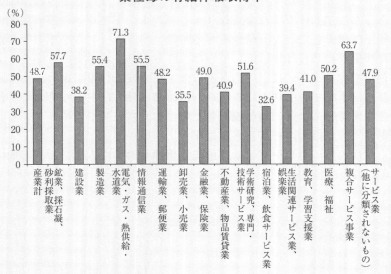

出所：厚生労働省「平成28年就労条件総合調査」より作成

コラム

・諸外国と比べた男性の家事・育児参画状況

　6歳未満の子供を持つ夫の家事・育児関連時間（1日当たり，国際比較）を比べると、日本の男性の家事時間は1：07時間、うち育児の時間は0：39時間であり、ノルウェーやスウェーデンといった北欧と比べて非常に少ない状況が分かる。女性の活躍を推進していくためには、男性の家事・育児参画が求められており、長時間労働の改善や、男性の意識啓発を通じて、日本男性の家事・育児参画を増やしていくことが必要である。

6歳未満の子どもを持つ夫の家事・育児関連時間（1日当たり国際比較）

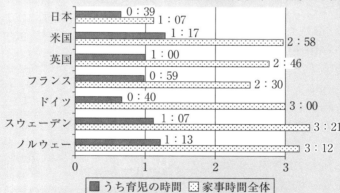

国	うち育児の時間	家事時間全体
日本	0：39	1：07
米国	1：17	2：58
英国	1：00	2：46
フランス	0：59	2：30
ドイツ	0：40	3：00
スウェーデン	1：07	3：21
ノルウェー	1：13	3：12

出所：内閣府「男女共同参画白書 平成27年版」より作成

第四章　女性発の働き方改革で男性も変わる

■コラム■

・男性の料理参画

　ベターホーム協会では、20年以上に渡る料理教室の現場から、初心者の男性が持つ8つの特徴をまとめている。特徴を見ると、初めて料理をする男性のなかには、女性では理解ができないところでつまずく人がいることが想像できる。男性の料理参画のためには、女性側も男性に理解を示して支援をしていく必要があるといえる。

【料理初心者の男性が持つ「8つの特徴」】
特徴①料理以前の基礎知識が少ない
　料理用語が分からない。「沸騰するってどういうこと？」「油が温まったらって？」
特徴②「なぜそうするのか」科学的な理由の説明が、男性の論理的な感性に響く
　調理科学に基づき「なぜそうするのか」の理由を説明すると、男性の頭にすんなり入っていく。男性は理屈から入り、頭で理解すると行動しやすい
特徴③あいまいな表現が苦手、数字が好き
　「薄切りって何ミリ？」「こしょう少々ってどれくらい？」「火が通るまで焼く」「さっと炒める」というのは何分何秒加熱すればいいのか知りたがる
特徴④マニュアル志向が強い
　レシピに忠実に調理する。「5分ほど煮る」と書いてあれば、5分ぴったりに火を止める。ただし、3分たったところで焦げても、5分煮続ける。
特徴⑤計量が苦手
　計量カップや計量スプーンを使った計量は苦手。
特徴⑥火加減の調節が苦手
　火加減を細かく調整するのが苦手で、ずっと強火のままで焦がしてしまって失敗する人も。

コラム

特徴⑦並行作業が苦手
「〜を煮ながら〜をゆでる」など、並行して作業をするのが苦手。1品を仕上げてから次を作りたがり、鍋を2つ火口にかけると、1つは忘れてしまう。

特徴⑧後片付けが苦手
食器洗いも経験がなく、やり方が分からない人が多い。

出所:ベターホーム協会プレスリリース「男の昼ごはんを発行しました」(2013年8月)から一部抜粋

第四章　女性発の働き方改革で男性も変わる

コラム

・卒婚

　株式会社「かんでんCSフォーラム」が2017年に実施した自主調査によれば、40代以上の既婚女性の約3割が「卒婚」に関心を持っていることが明らかになった。「卒婚」とは、結婚を卒業するという意味合いで使われている。離婚という形態を取るのではなく、夫の定年退職や子どもの独立等をきっかけに、女性自身が自分の人生を自由に楽しむライフスタイルの1つである。

　同調査によれば、卒婚をやってみたい理由としては、「今までは家族を優先してきたのでこれからは自分中心の生活をしたい」（50代）、「いつまでも夫に振り回されたくないから」（50代）、「夫と一緒にいてもつまらないから」（40代）などが挙げられている。

　配偶者（夫）の側も、定年になったら妻と一緒に楽しむ以外の多様な選択肢を準備しておく必要がある。

卒婚をやってみたいかという質問に対する回答結果

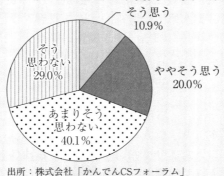

出所：株式会社「かんでんCSフォーラム」

第五章

女性発働き方改革に向けた10の提言

(1) 人事評価の透明化

　仕事と家庭を両立しながら組織で働く女性が増えれば、働く女性のワークスタイルに合った人事評価が必要になる。仕事への取り組み状況に加え、子どもの有無や人数、両親や配偶者（夫）との分担状況、子どもの健康などを含めた家庭の状況を掛け合わせると、女性の仕事と家庭のバランスは千差万別である。

　今まで日本の企業は、長時間労働を許容する男性が中心であったことから、労働時間の長さ含めて、組織のためにいかに一生懸命働いたか、という従業員のインプットを重視した評価を行ってきたと言っても過言ではない。こうした人事評価が、画一的な人材を増やし、家庭の事情等で時間に制約のある女性が活躍し難い組織を作り上げてきた面がある。

　時間に制約のある女性（男性も含め）でも活躍できる組織づくりを進めていくためには、個々人の事情に合わせたオーダーメイド型の業務内容の余地を残しつつ、どれくらい長い時間働いたかというインプット型の評価ではなく、どれくらいの成果を出したかというアウトプット型の評価に移行していくことが必要である。

　時間に制約のある女性でも、家庭の事情に配慮をしてもらいながら、成果ベースで評価をされるのなら働くモチベーションも高まる。現在、日本の女性が管理職になりたくない代表的な理由は長時間労働である。しかし、長時間労働ができないからといって、女性がキャリアアップに関心がない訳ではない。結婚・出産等を経た後でも、時間に制約がありながら仕事にやりがいを求める気持ちが変わらないことは第二章で示した通りである。働いた時間の長さではなく、どのような項目で成果が評価をされるかが明確にされれば、責任ある仕事やポジションに挑戦したいと考える女性は増えるはずだ。努力

すべき対象が分かれば、評価を上げるために制約された時間を効率的に使うことができるからだ。

　組織としてみれば、アウトプット型の評価になることで、時間に制約がある優秀な女性人材を獲得でき、男女を問わず、より成果を上げた人材が引き上げられ、組織全体のパフォーマンスは上がるはずだ。

　長時間労働の理由の１つとして業務量の多さが挙げられることが多いが非効率な業務も多い。長時間にわたる会議や煩雑な事務手続き、社内説明のための過剰な資料作成等は、多くの企業で共通しているのではないだろうか。インプット型評価は、成果に直接つながらない非効率な業務を増やす。アウトプット型評価に変われば、非効率な業務の増殖を防ぎ、組織にとって必要な仕事に集中するようになる。

　第二章では、女性の登用に賛同を示している男性管理職ですら、昇進を理由に時間外労働を許容している現状を示したが、職場風土が変えられないのは、男性管理職の意識にも原因がある。多くの男性管理職に会社のために一生懸命長く働くことができたか、といった評価軸があり、その中で評価を上げたいという気持ちがあるからだ。アウトプット型評価になれば、男性管理職自身も仕事の仕方や働き方を考え直すきっかけになるのではないだろうか。

　一方、時間に制約のある女性が増えた組織をマネジメントするための管理職としてのスキル向上の支援も必要である。同質的な価値観を持つ男性部下をマネジメントしていた時に比べると、多様な人材をマネジメントしなければならない管理職の負担は増えるからだ。マネジメントスキルを学ぶための研修機会やメンタルケアなどを増やしていくことが求められる。

　株式会社　産労総合研究所「2016年度評価制度の運用に関する調査」によると、人事評価の期間や項目を従業員に公開している企業は約９割に上るのに対し、本人に評価結果まで公開している企業は約65％にとどまっている。組織によっては、人事評価が急に透明化されて、成果評価の比重が高まると、従業員の精神的プレッシャーが高まり、成果を出すために長時間労働がさらに増えると懸念する意見もある。確かに、今まで働いた時間の長さで評価されようとしていた従業員は成果を出せず評価が下がる可能性もある。成果主義で人事評価を透明化させる際には、従業員の業務スキル向上のための支援を忘れてはいけない。後半でも述べるが、人事評価の結果に関して、評価者との面談等のコミュニケーションの場を持つことも重要な支援策の１つだ。実際、ある企業では、成果主義の人事評価の結果に納得できず多くの従業員

が離職をしていたため、コミュニケーションの強化を行い離職率が減ったと報告されている。評価者とのコミュニケーションは従業員のモチベーションを維持し、成長への気づきを与えることにつながる。

　人事評価の結果を踏まえて、自身のキャリアプランやスキルの向上を客観的に捉える機会を得ることは、従業員本人にとっても意義がある。企業によっては、従業員への支援の一貫として、人事部には公開されない形で、外部のキャリアコンサルタントに相談できる体制を備えているところもある。以前は、終身雇用で定年まで一つの企業に勤めることが当然とされ、自身のキャリアを考える機会が一度も得られなかった男性も多かった。グローバル競争を背景に、日本でも個人として、どのようにキャリアを構築するかを日頃から考えることが重要になっている。

（２）リゾート＆リモートワークの推進

　第五章（１）で述べた通り、アウトプット型評価では限られた時間でいかに効率的に働くかが重要になる。インプット型評価では、毎日、会社に行くことや長い時間会社にいることが自己目的化する傾向があるが、アウトプット型評価で求められるのは、会社にいる時間ではなく、あくまでも仕事の成果である。アウトプット型評価の下で、仕事と家庭の両立が必要な女性が増えれば、限られた時間で成果を出すためのツールが必要になる。その１つがテレワークである。

　テレワークは利用する人にとってメリットが多い。外部からの電話や会話で遮られることが少ないため仕事の生産性が上がる、通勤時間を削減でき体力的な負担も少ない、時間を小刻みに調整することで仕事と家庭の両立がしやすくなる、などが期待できるからだ。第三章で取り上げた仕事と家庭を両立しながら働く女性の中には、食事の支度や送迎の時間は子どもに合わせ、子どもが眠っている早朝や深夜の時間に自分のペースに合わせて仕事の時間を確保している。テレワークは健康管理等に注意をしなければならないが、意欲の高い女性が成果を上げるために、空き時間を有効活用できる意義は大きい。

　しかし、企業側から見ると、テレワークの導入にはいくつかの課題がある。テレワークを導入している企業は、従業員数が301人以上の企業でも約２割

程度なのが現状である。情報セキュリティや適正な労働管理等の確保がテレワークの導入を難しくしている（総務省「ICT利活用と社会的課題解決に関する調査研究」(平成29年)）。確かに、こうした問題で社内の全部署にテレワークを導入するのは難しいかもしれないが、守秘性の少ない情報を扱う一部の管理部門、成果評価が容易な営業部門等、部門を限定するなど、工夫次第で導入可能性はあるはずだ。

　テレワークを導入したことで、意外な課題に直面した企業もある。筆者がお伺いした企業の中では、男性管理職が在宅でテレワークに挑戦してみたところ、自宅では仕事がしづらい、という声が多かったという。自宅に十分な書斎等のスペースを確保できるかは家庭の事情によって異なる。専業主婦の妻がいる家庭で、日中は配偶者（夫）がいないのが当然であったのに、ある日から突然、配偶者（夫）が自宅にいる時間が増えると、配偶者（夫）の昼食の準備など面倒なことが多い、と感じる主婦もいるだろう。ただし、テレワーク＝自宅での作業とする必要性は必ずしもないはずであり、場所を自由に選択可能とするなど制度の利用方法を柔軟にすれば解決できることもある。

　テレワークを導入している企業でも、対象者が育児・介護等の事情のある従業員に限定している場合が少なくない。第三章では、女性の育児・家事負担を減らすためには、女性の働きやすい環境だけでなく、配偶者（夫）の働きやすい環境づくりが重要であることを指摘した。インタビューの中で、大手メーカーの人事部で働いていた櫻井さんが在宅勤務制度の導入に取り組んだ話も紹介したが、テレワークはいずれ全従業員に普及することを視野に導入を検討すべきだろう。

　テレワークに対しては地方自治体の期待も高い。今回の提言で「リゾート」という言葉を付した理由は、テレワークの場所を自宅に限定せずに、海外や郊外など、柔軟に選択できる必要性を感じているからである。

　総務省では、「ふるさとテレワーク」（地方のサテライトオフィスやテレワークセンター等において都市部の仕事を行うテレワーク）を推進するために、地方自治体や民間企業等に対して、サテライトオフィス等のテレワーク環境を整備するための費用の一部を補助する事業を行っている。サテライトオフィスを契機に、地域の活性化につなげようという自治体の関心も高い。

　企業として、地方にサテライトオフィス等を設置する、という方法もあるが、場所を限定せず、従業員がテレワークを行う場所の自由度を高め、地方部やリゾート地まで含めると考えた方が自由な働き方につながるはずだ。企

業にとって従業員の勤怠管理が面倒になると懸念する声もあろうが、「リゾート＆リモートワーク」には多面的なメリットがある。

　1つ目として、地方部は交流人口の増加が期待できる。週の前半は都市部に、後半は地方部に、と複数に住まいを持って働くことができれば、地方部は人口増加ないしは都市部との交流人口の拡大が期待できる。働く側にとっても都市部以外の場所で住む機会が得られれば、定年後の居場所づくりなど後々の人生への認識を高めることができる。将来の介護問題を見越して、週の後半は地方の実家に住むという生活スタイルも選択できよう。

　2つ目として、働く側は子どもと過ごす時間が増えることが期待できる。子どもを持つ女性にとって、子どもの夏休みは、お弁当づくりなど、普段かからない手間が増える面もある。それを逆手にとって、子どもの夏休みなどに合わせて、地方部で働く、あるいは、リゾート地で子どもと一緒に過ごしながら仕事をする、という選択肢があっても良いのではないか。共働き夫婦の増加で、子どもが親と過ごせる時間は少なくなっている中、いかに子どもと過ごせる時間を確保するか、という視点も忘れてはいけない。

　3つ目は、働く人の健康管理である。働き方改革と並行して生産性への認識が高まり、成果を出すために生活全体を見直す人も多い。職住近接、途切れのないスケジュールなど無駄な時間を減らして、徹底して効率的に高い成果を目指そうとすることは良い面もあるが、働く人の精神的負担となる可能性もある。国内では、ヘルスツーリズムの森林浴等によるストレス軽減が注目されている。都市部で働くことが多い人が、定期的に自然環境の良い場所で働くことは心身のバランスを保つのに役立つはずだ。

　4つ目は、人材育成である。最近、新しいビジネスを創出できるイノベーティブな人材が欲しいという企業が多い。毎日、長時間労働に埋没し、同じ生活を繰り返す人材にそうした役割は期待できない。イノベーティブな人材を外部から採用するという手段もあるが、社内の人材の活性化に力を入れない企業がイノベーティブな人材を惹き付けることはできない。多様な環境で多様な生活を経験し、多様な人たちとコミュニケーションするための自由度を提供する、という姿勢は企業にとって重要な観点となる。

　テレワークは効率化の施策として捉えられることが多いが、多様なメリットを評価して導入されることを期待したい。

（3）多様な育児休業取得者への支援

　有給休暇の取得のし易さや働く時間を柔軟に選択できる制度等、育児休業を取得した人が復職した後に、仕事と家庭を両立しやすい環境づくりが必要であることはここまで述べてきた通りである。日本の女性の育児休業取得率が8割近い状況を踏まえると、今後は、育児休業取得者に対する支援のあり方を一層多様化していく必要がある。

　産休制度や育休制度を利用した女性に対して復職に向けた何らかの支援を行っている企業は半数程度あるが、支援の多くは面談である（「仕事と家庭の両立に関する実態把握のための調査研究事業」2015年度　三菱UFJリサーチ＆コンサルティング株式会社　厚生労働省委託調査）。復職支援の取り組みは未だに十分とは言えず、またその取り組みも多様化していないのが実態である。

　企業の中には、子供を持つ女性に配慮して、法定の基準を上回る育児休業期間を設けているところも少なくない。育児休業取得者が少なかった時には、仕事と家庭の両立をいかに実現させるかが課題であり、子育てに十分時間をかけたい女性に配慮した施策であった。しかし、育児休業取得者が増えるに従って、育児休業を取得する女性の中には、仕事への意欲が非常に高い女性も増えてきた。結婚・出産を経ても、女性の自己成長への意欲に変化はないことは第二章でも示した通りである。女性の属性は多様であり、結果として、仕事と家庭とのバランスの取り方にも多様なニーズがある。仕事に対する意欲が高い女性には、より早く会社に戻り活躍するための支援が必要になっている。

　育児休業期間を可能な限り長くし、子どもが小さい時は女性が子育てに専念できる方が良い、という考え方もあるだろう。しかし、「女性の働き方に関する調査」（楽天リサーチ調べ　2014年12月）で、出産後に働く意思のある女性に対して、子どもが何歳ごろに復帰（再就職含む）をしたいかという質問をしたところ、「0ヶ月以上12ヶ月未満」と回答した女性は12.3％いた。

　こうした状況を踏まえ、最近は、育児休業を取得した女性にできるだけ早く復帰してもらうために、早期に復帰した女性に対して、早期復帰祝い金やベビーシッター費用の給付などを行う企業も出てきている。経済的支援が有効であることが間違いないが、今後はテレワークのような働く環境のための支援も重要になる。一定期間は在宅での勤務を許容し、徐々に通常勤務に戻

していく、というオーダーメイド型の復帰支援もあるだろう。

　女性の早期の復帰のためには、配偶者（夫）の育児休業取得も重要な課題である。数ヶ月単位で配偶者（夫）が育児休業を取得しやすい環境ができれば、女性の早期の復帰を後押しすることができる。現在は、男性の育児休業取得率を上げること自体が課題だが、将来は、期間や取得するタイミングを含め、いかに制度を柔軟に利用できるかという点が重要になる。

　一方で復帰支援のあり方だけではなく、育児休業期間中の支援のあり方についても検討していく必要がある。現状では、企業の復職支援の多くは、面談で、復職前の交流会やセミナー等、育児休業期間の後半での支援が中心になっている。産後を中心とした育児休業期間前半については、多くの企業が支援を行っていない。その理由としては、未だに多くの企業の人事担当者が、産後に関するケアは女性個人の責任、という考えを持っているためとされる。

　しかし、産後は体力の低下、子育てに関わる配偶者・パートナーとの関係のあり方、子育てに対する精神的負担（産後うつ等）に悩む女性も少なくない。ご近所づきあいが少ない、実家が遠い、少子化で子どもを持つ友人が少ない、などから悩みを相談できる場が少なく精神的な負担を解消しづらいのが実態なのである。仕事を持つ女性であれば、職場復帰への不安も加わり精神的負担は一層重くなる。

　そうした問題に対して、企業向けに女性の復職支援プログラムを提供しているのがNPO法人マドレボニータである。育児休業期間の前半に、同プログラムに基づき低下した体力の強化や精神面でのケア等を行うことで、順調な復職を促すことが期待されている。例えば、復職後の夫婦の家事分担のあり方について、復職する直前に夫婦で話し合うのではなく、育児休業期間の前半から時間をかけて話し合うことができれば精神的な余裕が増える。そうなれば、復職後の仕事に向けた自己啓発をする余裕も生まれる。実際に、NPO法人マドレボニータが提供する復職支援プログラムを受講した女性の方が、受講をしていない女性に比べて復職後の仕事のパフォーマンスが上昇する、という結果も出ている（「社会的インパクト評価の実践による人材育成・組織運営力強化調査（最終報告書）」新日本有限責任監査法人（2017）内閣府委託調査）。

　育児休業制度を利用する女性が増えてきた昨今、企業側としては、復職した女性の生産性をいかに向上させるかという課題が顕在化しつつある。復職後は、子育てとの両立を図りながら仕事に慣れるまでの時間が必要になる。

時短勤務を選択すれば、時間が減った分だけこなせる仕事量が減り、一時的に生産性は落ちる。第五章（1）で述べたように、業績の評価の仕方で改善できる部分もあるが、復職後の女性の個別のニーズを踏まえた助言や環境作りなどにより踏み込んだ支援が求められている。意欲の高い女性に対しては、早期の復帰と産後のケアといった二本立ての視点を取り込んだ支援が必要だ。

（4）コース別雇用管理制度（総合職・一般職等）の改革

　女性の活躍を阻害している要因の1つにコース別雇用管理制度がある。コース別雇用管理制度では、採用時の個人の能力や将来のキャリアに対する本人の志向（転勤の許容等）に基づき、職種別に人材採用を行う。企業によって運用の仕方は異なるが、一般的に、転勤があり基幹的業務に携わる総合職と、転勤はなく定型的な業務を行う一般職に分けられている。女性は仕事と家庭との両立の負担を考えて職種を選択するため、男性に比べて、総合職よりも仕事内容等の負担が軽い一般職を希望する傾向がある。

　採用後、コースを転換できる制度を設けている企業は多いが、実際に転換が行われる割合はわずかである（厚生労働省「平成26年コース別雇用管理制度の実施・指導状況」）。一度コース別雇用管理制度の下で職種が定められると、その後の転換は容易ではないのである。結果として、採用時に一般職を選択した女性の多くが、能力や潜在的な意欲に関わらず職種が固定化されることになる。

　本来、採用時の評価だけで個人の成長性や能力を測ることは困難である。にもかかわらず、入社時の選択を理由に、難易度や成長機会が少ない仕事を続けていては、女性の潜在的な能力や仕事の経験を経て高まった意欲を活かすことができない。企業は、就職活動時点に仕事と家庭の両立の負担を考慮して職種選択をしている潜在力のある女性が相当数いることを認識しなくてはいけない。

　高度な仕事をこなし、将来は管理職になるような女性を増やすためには、潜在力の高い女性の母数を増やしていくことが必要だ。そのためには、採用時の判断を長期的に固定化させる原因となっているコース別雇用管理制度という枠組みを見直す必要がある。

　実際、一般職の女性からも、コース別雇用管理制度の廃止に賛成する声は

少なくない。給与の差、総合職と一般職の業務範囲の不明確さ、活躍の場の制約などを理由に、コース別雇用管理制度を廃止した方が良いと考える一般職女性は約半数に上る（公益財団法人21世紀職業財団「2017年度 『一般職』女性の意識とコース別雇用管理制度の課題に関する調査研究」）。

　こうした制度ができた時代には、寿退社という言葉に代表されるように、結婚・出産等を機に離職をする女性が多かったが、現在では、結婚・出産等を経た後も働き続ける女性が増えている。また、第二章でも紹介したように、女性の仕事に対する意欲の高さはライフイベントを経ても変化はしない。企業側は、ライフイベントに配慮しつつ、意欲の高い女性に対して成長機会を与え、難易度の高い仕事や生産性の高い働き方にチャレンジしてもらう、という姿勢が問われている。

　しかし、長い間運用されてきたコース別雇用管理制度を変えるのには課題もある。

　1つ目は、長らく一般職に就いていた女性の育成の問題である。一般職として長く働いていた女性の業務内容の難易度をすぐに総合職並みに引き上げるのは難しい。円滑な移行を図るためには、総合職を含めた業務全体を見直すことも考えられる。例えば、総合職の業務で一般職に任せられるものを一般職に譲り、一般職が抱えてきた定型的業務等は極力RPA（Robotic Process Automation：ロボティクスプロセスオートメーション）や、パート・アルバイトに移行することだ。こうして一般職の業務の付加価値を底上げすることで総合職への転換のハードルを下げることができる。また、組織全体としての業務の付加価値向上にもつながる。

　2つ目は、転勤の問題である。転勤は女性が総合職になることを躊躇する大きな理由である。企業によっては、全員を業務内容や昇進等が同じ総合職とした上で、転勤を行うコースと転勤を行わないコースに分け、両者を自由に選択できるようにしているところもある。最近は、共働きの増加に伴い、家事・育児に参画する男性も増えている。コース別雇用管理制度に含まれてきた転勤の位置づけは、女性だけではなく男性を含めて検討し直す必要が出てきている。

　3つ目は、労働時間の問題である。今まで総合職の多くを、家庭のことは配偶者（妻）に任せ、長時間労働を厭わず働く男性が占めてきた。結果として、総合職を選択する女性には、男性と同等に長時間労働で働くことを受け入れなければならない、というイメージがあった。仕事と家庭の両立を志向

する総合職の女性が増えている現状を踏まえると、総合職に対する旧来的なイメージを払しょくし、総合職であっても個々人の考え方に基づいて仕事と生活のバランスを図ることができる、という理解を定着させていく必要がある。第三章では、総合職として働いていたDさんが、新卒で入社した職場で高く評価されながらも、長時間労働続きの生活に疑問を持ち転職した話を紹介した。総合職が長時間労働に直結することがない制度づくりと制度への認識の普及は優秀な女性の獲得と離職を防ぐための必須条件となっている。

　4つ目は、男性管理職の意識である。コース別雇用管理制度の枠組みの中で働いてきた男性管理職の中には、一般職は女性のための職種であると認識している人も少なくない。一般職には、上司から十分な育成が受けられないという不満も多い。コース別雇用管理制度の改革には、男性管理職の意識の転換も必要だ。

　仕事と生活のバランスに対して多様な考えを持つ女性の潜在力を活かすには、採用時の個人の判断や採用側の評価を長期間固定する従来のコース別雇用管理制度を改め、採用後に顕在化した能力や適性、変化する仕事への意欲を汲み取り成長機会を与えることが必要である。それが多くの女性が能力を引き出し、管理職候補となる人材を見出すことにつながる。

（5）副業・兼業の解禁

　人生100年と言われる超高齢化社会に突入しつつある中で、1つの企業だけで仕事をし続ける就業形態は、企業、従業員双方にとって持続可能とは言えない。年齢が上がるにつれて体力と生産性も低下する高齢の従業員を企業がどれくらい受け入れ続けられるかは疑問だからである。

　高齢だからという理由で、付加価値の低い仕事を任せると、高齢の従業員のモチベーションが低下する半面、高齢の従業員の職位を維持し続けると若手のモチベーションが低下する。一つの企業の中で、高齢化する従業員を抱え続けるのは限界がある。かといって、高齢になった従業員が退職して新たな仕事を見つけるのも容易ではない。そこで、注目すべきなのが、一つの企業で働いている間に、副業・兼業等を通じて自身の強みを活かす機会を見つけ、キャリアの幅を広げることだ。

　副業・兼業は企業及び従業員双方にとってメリットが期待できる。企業に

とっては、社内にはない知見を取り込む機会が増える、中高年を活性化する機会が得られる、不活性化した人材を抱え続けるリスクが減る、逆に外部の優秀な能力を取り込む機会が増える、などの効果が期待できる。従業員にとっては、本業では得られない知見やネットワークを獲得できる、所得を増やすことができる、将来の起業・転職等の機会を拡大できる、等が期待できる。「兼業・副業を通じた創業・新事業創出に関する調査事業　研究会提言」（経済産業省）でも兼業・副業の効果が示されている。

　新卒で入社した会社に勤め続けている人の中には、転職のための履歴書さえ書いたことがないという人も少なくない。社外に出ることが少ない職種であれば、自分自身のキャリアの強みといった価値を客観的に捉えられる機会もない。副業や兼業は、一つの企業の中での評価を客観視し、個人として様々な気づきを得られる機会になる。副業や兼業から自分の強みが生まれる場合もある。AIやRPAが普及していく社会で長く働き続けるためには、年齢に関わらず、個人としての付加価値を上げていくことが求められている。そのためには、個人の特性を発揮できる機会を増やし複数の種類の仕事の経験を積むことが有利になるはずだ。副業・兼業が認められれば、転職というリスクを取らずにこうした機会を増やすことができる。

　また、長い間一つの会社に勤め続けたものの出世・昇進を諦めざるを得なくなった多くの中高年男性が社外に目を向けることは社会的にも意義がある。長く会社に勤めた企業で培った経験を他の分野で活かす機会が増える上、個人のモチベーションが上がる可能性もあるからだ。

　しかし、副業・兼業解禁のハードルを取り除くのは簡単なことではない。2017年に株式会社リクルートキャリアが行った「副業・兼業に対する企業の意識調査」では、約8割の企業が就業規則等で兼業・副業を原則禁止している。その理由として、「社員の長時間労働・過重労働を助長する」、「情報漏洩リスク」などが挙げられており、多くの企業側が副業・兼業に対してメリットよりリスクを感じている。

　長時間労働問題については、そもそも副業・兼業制度の解禁は働きやすい職場環境づくりが行なわれていることが前提となる。長時間労働が改善され、時間や場所の柔軟性が確保された上で、副業・兼業を検討することが原則だろう。

　すでに副業・兼業を解禁している企業の中には、事前申請を義務付けているところもある。情報漏洩リスクについては、申請ないしは許可制にするこ

とで低減することができる。筆者が往訪した企業でも、事前申請を前提として副業を解禁したところ、異なる分野で活躍したい、販売の仕事を通じて消費者のことをもっと知りたい、など副業・兼業に対する多様な期待の声が出てきたという。

　加えて、企業がメリットを得るためには、副業・兼業で培った経験を積極的に活かそうという風土も必要である。従業員同士が、自分が挑戦している副業・兼業の経験談を共有する場を設けるだけでもそうした風土の醸成に役立つだろう。筆者が往訪した企業では、副業・兼業に加えて、２つの部署を兼任できる人事制度を設けており、ある従業員が、副業経験をきっかけに副業で得られた知見等を本業で活かせる部署を兼任したという。副業・兼業で得られた経験を社内で活かせる仕組みを作ることは、企業にとっても意味がある。

　従業員にとっても、一つの企業に長期間勤務して、勤め先の業績が悪化し、中高年になってリストラの対象となった場合、新たな就職先を見つけるのは容易ではない。年齢とともに、体力、精神力が減退して挑戦が困難になることを考えれば、早いうちから、複数の仕事に関わることは人生のリスクマネジメントになる。

　第三章では、副業経験のある女性として、吉澤さん、櫻井さんを紹介した。櫻井さんは、今までのビジネスマンとしてのキャリアを活かした分野での副業に携わり、吉澤さんは、イラストレーターという、勤めていた企業の業種とは全く異なる副業に関わり、最終的にはそれが本業となった。副業・兼業といっても、現状の企業での経験を活かす挑戦もあれば、全く異なる分野への挑戦もある。人の能力は挑戦次第で様々な開花の仕方がある。さらに、二人に共通しているのは、経済的価値よりも仕事へのやりがいを優先して副業に取り組み、さらなる飛躍を実現できたことである。副業・兼業を解禁して、多様な働き方を先導するのは、仕事と生活のバランスを模索する経験を積んだ女性になるだろう。

（６）残業削減・休暇取得へのインセンティブ

　仕事と家庭を両立して働く女性が増えると、残業がなく休暇が取得しやすい環境が一層重要になる。第二章では、育児休業取得後に復職した女性と復

職できなかった女性の職場環境の差をデータに基づいて示した。長時間労働の常態化や、有給休暇を取得しづらい職場風土を変えることは、女性の活躍のために必要不可欠な条件である。

しかし、長時間労働の問題は根深い。長時間労働が常態化したり、休暇を取得しない男性管理職がいることも問題だが、生活費のために残業をやめられない従業員がいることも否定できない。一般に残業の原因の多くは業務量であるとされているが、残業代を稼ぎたいと思っている従業員も一定数いる（日本労働組合総連合会「労働時間に関する調査」(2015)）。長時間労働の問題は理解しつつも、残業代のために残業している従業員については、長時間労働を改善するメリットが感じられず、改善行動を起こさない可能性もある。

企業全体で働き方を変えていくためには、できるだけ多くの従業員がメリットを感じられる環境を整える必要がある。

そのための一つ目の施策が生産性の評価である。第五章（１）でも述べた通り、インプット型の人事評価が中心だと評価の視点が曖昧となりやすい。結果として、人事評価を上げるために、長時間労働し上司に与える印象を良くしようとする従業員も出てくる。チームで動く仕事であれば、周囲の同僚と比べて、相対的に人事評価が落ちることを心配し、残業をせず、率先して休暇を取得する、という働き方をしづらくなる可能性もある。こうした懸念を払拭するための一つの方法が、人事評価の中に生産性の視点を取り込むことである。生産性が評価されれば、限られた時間で多くの仕事量をこなそうという意欲が働く。管理職の側も、投入労働時間を削減するために、有給休暇の取得率や時間外労働の削減をしやすくなる。

２つ目の施策は、男性の育児休業取得等、家庭の事情で休暇を取得する人をフォローする人を評価する視点を設けることである。育児休業の取得には周囲の協力が欠かせない。限られた人数で業務を行っていると、一人の休暇取得で他の従業員の負担が大幅に増えることも少なくない。男性の育児休業は、取得しないと家庭生活が成り立たないといった事情がない限り、優先順位が下がりがちになる。組織として、フォローをした周囲の従業員にインセンティブを付与すれば、快く休暇を取得できる環境を整備できるのではないだろうか。誰もが病気等で長期かつ急な休暇を取得する可能性があることを考えれば、こうした取り組みは組織としてのリスクマネジメントにもつながる。

３つ目の施策は、長時間労働の削減で企業側が得た経済的なメリットを従業員に還元することである。削減できた残業代の一部を従業員に対して、き

ちんとインセンティブとして付与するのである。ある企業では、まず残業を削減し、削減できた費用を原資に、休暇取得を申請する従業員に旅行券を付与した結果、有給休暇の取得率を高めることができた。兼業・副業のところで述べたように、休暇の取得は心身の休息だけでなく、社外で見聞を広めるための投資である、と捉えれば残業代の削減が企業の付加価値向上に貢献していると考えることができる。

そもそも日本企業の人材育成の費用は十分とは言えない。独立行政法人労働政策研究・研修機構「人材育成と能力開発の現状と課題に関する調査（企業調査、労働者調査）」（2017年8月）によると、平成27年度に従業員の自己啓発への支援を行わなかった企業は約7割に上る。支援を行った企業でも、従業員一人当たりにかけた年間の支出額は、「1,000円〜5,000円未満」（35.5％）が最も多く平均額は10,006円に過ぎない。

働き方を変革して労働時間を減らした上で企業としての成長を維持するためには、働き方改革を人材育成につなげ生産性を高めようという視点が欠かせない。そのためには、インセンティブを付与し従業員の自発的な働き方改革を促すことが大事なのだが、単純に金銭で還元するだけでなく、自己啓発費用や旅行券等、人材の付加価値向上につながるような施策も検討していくべきだ。

（7）主婦人材の再就職の受け入れ

今後、日本では労働人口の減少に伴う人手不足問題がますます深刻になる可能性が高いことを踏まえると、専業主婦等、家庭の事情で離職をした女性を、年齢を問わず、柔軟に受け入れることが重要になる。

日本総合研究所の「高学歴女性の働き方調査」（2015）では、第一子出産時点で約半数の女性が正規雇用を離職・転職している。しかし、離職して主婦になった全ての女性が生涯専業主婦を続けようと思っているわけではなく、約6割が再就職を希望していることが明らかになっている。

主婦が再就職を行う上では、家庭の事情等による時間の制約があることが課題となっている。正規雇用の女性は都心部に住んでいる一方、専業主婦の女性は東京近郊に居住している傾向がある。同調査の中でも、約半数がフルタイム以外の仕事を希望しており、条件に合う仕事が見つからないため、再

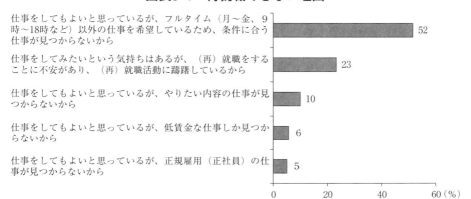

図表5-1　再就職できない理由

出所：株式会社日本総合研究所「高学歴女性の働き方調査」(2015)

就職ができない状況が窺える。見方を変えると、企業側が時間に制約のある主婦が求める就業条件を提示できていないことになる。

経済産業省中小企業庁が行った中小企業新戦力プロジェクトでは、人材の確保が困難な中小企業の雇用対策の一環として、育児や介護などで退職し、就業のブランクがある主婦等に職場実習の機会を提供したところ、2年間で述べ約8,500名が実習に参加し、参加者のうち約半数が再就職にいたった。

また、中小企業新戦力発掘プロジェクトの事務局（日本財団）の報告（ホームページ）では、主婦には、育児経験による忍耐力・段取り力や、高いコミュニケーションスキル等が備わっているとされている。一方、受け入れ企業側ではそのような主婦を採用したことで、社員の負担が軽減される、人材採用が難しい職種で新たな人材獲得につながる、社内のコミュニケーションが活性化される、などの効果が報告されている。時間の制約の解消という意味では、時間に制約のある主婦人材を複数人雇用することで、フルタイムの人材一人分の仕事をするという事例もある。

主婦人材の活躍が進むと、企業は人手不足の解消だけでなく、組織運営の面で様々な効果が期待できる。しかし、筆者が女性の活躍推進に取り組む企業を往訪すると、人手不足の問題を指摘するものの、いまだに新卒等若手女性の採用ばかりに目が行っている企業が多いのが現状である。主婦人材を受け入れることの効果がもっと企業側に理解されていい。

国内では、主婦が再就職しようとすると、時間に制約があるという理由だ

けで、パート等の非正規社員として採用され、正規雇用の時短勤務で働く女性と比べ賃金面の待遇に差がつくことが多い。能力や意欲の高い主婦人材を活かすためには、能力に見合った適正な評価を行い、それに見合った賃金を支払うという姿勢が必要だ。主婦人材をパート等で採用している企業にとって、一時的には人件費が上昇するリスクはあるが、いち早く優秀な人材を採用することで、遠くない将来自社の成長につながるという理解を持って欲しい。

　第三章では、サイボウズとWarisが行ったキャリアママインターンの機会を契機に、再就職の機会を得た久継さんを紹介した。久継さんが再就職できた主な理由として、キャリアママインターンという機会を得られたことと、受け入れ先のサイボウズに在宅勤務制度が整備されていたことが挙げられる。子育てを行う主婦が再就職するためには、家庭との折り合いをつけるための準備期間が必要となる。雇用する企業側から見れば、雇用を検討している主婦人材が過去のキャリアやスキルが自社の中でどのように活かせるのかを見極める時間も必要である。家庭の事情等で時間に制約がある中で再就職を希望する女性に対しては、フルタイムでキャリアを積んできた女性とは異なる採用機会を提供していくことも必要だろう。また、専業主婦が東京近郊に居住している傾向がある現状などを踏まえれば、都心部のオフィスに通うための通勤時間の負担は重い。過去に勤めていた時代の専門的なスキルや知識を有している主婦であれば、サイボウズのように、在宅等でも勤務できる仕事を提供することが必要だと考える。

　一方、企業によっては、人手不足解消のために主婦人材を集めたくても、どのように集めれば良いかわからないという声も聞く。主婦人材の採用を検討する複数の企業が柔軟に連携して教育機関や人材派遣会社等とコミュニケーションを取って協力していくことが期待される。

　第三章の薄井シンシアさんの事例では、再就職した主婦の価値をすぐに認めてもらうことは難しいため、一年間は一生懸命頑張って働き、実績をつくることが重要であるとの指摘を紹介した。受け入れる側の企業や人材派遣会社等には、主婦人材がブランクから復帰するための心構え等を学ぶための研修や職場・仕事に慣れるための支援を期待したい。

(8) 男性の家事・育児能力向上のための支援

女性が仕事と家庭の両立をしながら活躍するためには、配偶者（夫）の家事・育児への積極的な参画が必要である。諸外国と比べて、日本の女性は家事・育児の負担が重く、改善の余地が大きい。

男性の家事・育児参画が進まない理由として、配偶者（夫）の長時間労働がよく指摘されるが、家事・育児のスキルの低さも問題である。内閣府「男性の暮らし方・意識の変革に向けた課題と方策」（2015年）では、男性が家事・育児に関わる時間を増やすためには、「残業が少なくなること」など男性の職場に関すること以外にも、「配偶者とのコミュニケーションの向上」、「家事・育児のスキルの向上」などが必要とされている。

男性の家事・育児に関するスキルの低さは、夫婦の家事分担の意識のギャップや妻が夫に対して抱く不満の原因となっている。夫婦の間では、妻が夫にやってもらいたい家事と夫が得意な家事は大きく異なっている。さらに国民生活産業・消費者団体連合会（生団連）が子どもを持つ母親200人に対して実施したアンケート調査では、主婦が配偶者（夫）の家事のやり方に対して

図表5-2　妻が夫にやってもらいたい家事・夫が得意な家事のランキング

	妻が夫にやってもらいたい家事	夫が得意な家事
1位	食器・調理器洗い	洗う（洗濯）
2位	休日の晩ご飯	ゴミ出し（7位）
3位	子どもと外出	食器・調理器具洗い（1位）
4位	子どもの入浴	休日の晩ご飯（2位）
5位	お風呂掃除	買い物（10位）
6位	キッチン大物掃除	お風呂掃除（5位）
7位	ゴミ出し	たたむ（洗濯）
8位	布団干し	干す（洗濯）（9位）
9位	干す（洗濯）	子どもと外出（3位）
10位	買い物	子どもの入浴（4位）

出所：国民生活産業・消費者団体連合会（生団連）「男の『ちょいカジ』マニュアル」（2016年12月発行）より作成

も不満を持っていることが明らかになっている。例えば、「予算度外視の高価な食材より家にある食材で作ってくれたらうれしい」、「後片付けしながら作ってほしい」、「シンクまわりが水でビチョビチョになっているので気をつけてほしい」などである。

　夫婦で家事を分担するために、配偶者（夫）の家事・育児参画の時間を増やす必要性を指摘する声は多いが、家事・育児参画の時間を増やしても、夫婦の育児・家事を上手く分担できるとは言えないのが現状なのだ。時間という量と、スキルを向上させる質、の両面から問題の解消に取り組む必要がある。

　家事・育児の分担のために企業に期待されるのは、以下のような点だ。

　まずは、男性従業員の育児休業取得の促進である。第四章では、男性従業員の育児への参画に対して職場からの支援が十分ではない現状を述べたが、会社として数値目標を掲げるなど、男性が育児休業を取得しやすい職場風土づくりが期待される。一方、男性従業員は、育児休業を取得すると、会社で自分の居場所がなくなってしまうのではないか、という不安を抱きがちだという。休業日数が長くなるほど不安は募るため、まずは、短い日数でより多くの男性が育児休業を取得するように促している企業もある。こうした取り組みに、男性管理職を中心としたセミナーの開催やハンドブックの配布などによる意識啓発、口頭での申請を可能とするといった手続きの簡略化、などの取り組みを加えると効果的である。

　次に指摘できるのは、家事・育児に関するスキル向上のための支援である。女性従業員の配偶者やパートナーを対象に、家事・育児の参画の意識啓発を行っている企業もあるが、スキル向上に取り組んでいる企業は少ない。

　しかし、料理教室等への参加費用の一部を補填する、あるいは、自社の福利厚生のメニューの中で家事・育児の負担の軽減に通じるサービスを人事部等が中心となって男性従業員に対して紹介する、などの取り組みは可能だろう。紹介に留まらず、どのような場面でどのようなサービスの利用ができるのかといった情報を提供すれば効果は一層高まる。

　企業の施策とは別に、日本社会として、男女ともに家事に対する意識が変っていくことも期待したい。仕事をしながら家事を完璧にこなす女性を賞賛する声は未だに多いように思える。第三章で紹介をした一人で育児を担っているCさんは、完璧でなくても良いという気持ちが仕事との両立につながっていると言う。3人のお子さんを持ちながら働いているBさんに至っては、子

育てに関わることを基本的には外注する、夕食のメニューも一汁三菜にこだわらず１品と決める、など家事負担を積極的に削減することで仕事と家庭の両立を実現している。

共働きであれば、生活の中で女性が家事に割ける時間が減るのは当然である。睡眠等を削ってまで完璧を目指すのではなく、家事に対するレベルをあえて落とす、あるいは外注や便利な家電の利用等を通じて、仕事と生活のバランスを第一に考えることが重要だ。そのためには仕事と家庭の両立のために家事負担を減らすライフスタイルがもっと肯定的に捉えられる社会になって欲しい。

（９）働く女性の地域活動（PTA活動等）の負担軽減

働く女性は保育園等への預け入れを始め子どもの養育に関する様々な悩みを抱えている。その中で代表的なものの一つが、PTA等学校関係の活動である。

日本総合研究所「高学歴女性の働き方調査」（2017）では、子どもの養育に関して最も負担（辛い）と感じているものを３つ選択しもらったところ、

図表5-3　子どもの養育に関して最も負担（辛い）と感じているもの

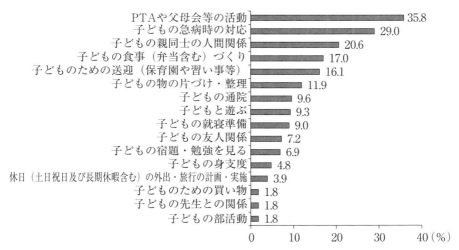

出所：株式会社日本総合研究所「高学歴女性の働き方調査」（2017）

第五章 女性発働き方改革に向けた10の提言

図表5-4　PTA活動と仕事との両立の難しさ

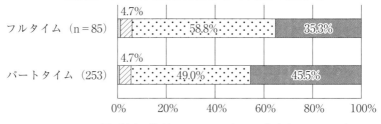

- 委員・役員になったことで、仕事をやめたことがある
- 仕事を続けづらいと思ったことがある
- 両立の難しさを感じたことがある
- 特にない

出所：株式会社かんでんCSフォーラム「PTAの委員・役員活動」(2016)

図表5-5　PTA活動期間に困ったこと

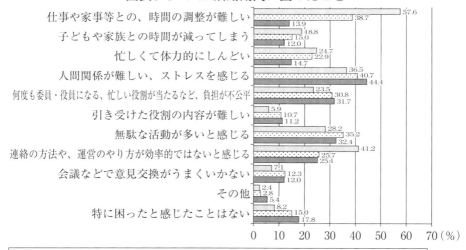

出所：株式会社かんでんCSフォーラム「PTAの委員・役員活動」(2016)

多い順から「PTAや父母会等の活動」(35.8％)、「子どもの急病時の対応」(29.0％)、「子どもの親同士の人間関係」(20.6％) となった。

　女性の就業率が上がることによって、時間に余裕のない女性が増えている。企業側も、優秀な女性には管理職等より責任の重いポジションで活躍してほしいと期待するようになっている。女性の働く意欲と企業の受け入れ姿勢を

結びつけるためには、専業主婦が主流だった社会で常識だったことを見直すことが求められている。

株式会社かんでんCSフォーラム「PTAの委員・役員活動」（2016）によれば、回答した女性の約6割が、PTA活動が必要であると回答している。しかし、実際に委員・役員に就くとなると、仕事とPTA活動の両立は難しい、と回答した女性は、フルタイムの就業で65％、パートタイムで55％に上った。

PTA活動に関わっていた期間中に困ったこととして、フルタイムの女性ほど、仕事や家事等との時間調整が難しい、連絡の方法や運営のやり方が効率的ではない、と感じる傾向がある。会議の開催時間について、フルタイムで働いている女性は昼間ではなく夜や土日の会合を望んでおり、運営についても「無駄な集まりが多い」、「会議時間を短縮してほしい」、「会合での議案量の量を多くして会合数を少なくすれば、何回も集まらなくて良い」、「情報のオンライン共有を進めるべき」などの問題意識は共通している。

一方、パートタイムの女性や専業主婦の女性は、フルタイムの女性に比べて、「何度も委員・役員になる」、「忙しい役割に就かされる」、など不公平だと感じる傾向がある。会議の開催時間については、夜に会議が行われた場合には子どもを家に置いていかなくてはならないこと、運営の面では、役員選出で揉めることのストレス、専業主婦の人が選ばれやすいこと、などフルタイムの女性とは異なる問題意識を抱えている。

第三章で紹介した小崎さんは、専業主婦からパート、正社員のいずれの立場も経験しているが、再就職後、負担が重かったものの1つにPTA等の活動を挙げている。最近では、リモートワークが普及し、土日も会社の仕事を家でやっている人が増えている中、PTA等の負担のあり方は見直すべきだという。

すでに企業では、長時間労働削減に向けて、対面からインターネットや電話を利用した会議への変更、議題や会議時間、配布資料の削減、といった取り組みがなされている。PTAの必要性を感じる女性が多いのであれば、必要性を議論するより、運営の改善に向けた議論を積極的に行い、企業等で成果を上げた取り組みを積極的に取り込んでいくべきではないか。

もちろん、企業と比べると、PTAのような組織は、人材の属性が多様で、改善のハードルが高いことは否定できない。しかし、一部では、行事を精選することによる負担の削減、委員会活動についての質問や連絡を迅速かつ気軽に行えるメールシステムの活用、などを行うPTAも出てきている（「PTA90

事例」(公益社団法人日本PTA全国協議会・ジアース教育新社・2016年3月))。

こうした活動を広げていくためには、同じような考えを持つフルタイムの女性同士が協力して、企業で使われているITツールが普通に活用されている事例を作り、その情報を開示していく、等の地道な取り組みも有効ではないか。

第三章では、PTA活動の経験が再就職につながった薄井さんの事例を紹介した。過去の慣行を変えていけば、仕事とPTA活動が互いに良い影響を及ぼしあう環境を創っていけると考える。

(10) 仕事の生産性を高める脳トレーニング

男性に比べて幅広い労働価値観あるいは生活とのバランス感覚を持つ女性の活躍の場を広げなくてはいけない、という認識は多くの日本企業で共有されつつある。女性の事情を軽視して成長できると思っている企業経営者は今や殆どいない。多少の紆余曲折はあるだろうが、社会で活躍する女性の数は確実に増えていくだろう。

日本企業、日本社会が次に目指すべきなのは、女性がより付加価値が高く、創造的な仕事ができるステージだ。そこには三つの理由がある。

一つ目は、企業から見た女性の活躍の場を増やすことの一つの理由に、商品開発などに女性ならではの価値観を反映して欲しい、という点が含まれるからだ。付加価値が高く創造的な仕事のできる女性が増えれば、女性の活躍は企業収益に直結するようになり、企業は女性の活躍を増やすための施策に積極的になるはずだ。

二つ目は、働く女性のモチベーションを高めることが必要だからだ。働く女性の数が増えてくれば、その人達の目標となる、あるいは励みとなる女性の活躍が必要になる。しかし、それは男性中心だった時代と同じような営業の数字などの定型的な評価に重きを置いた組織では難しい。感性や、お互い助け合いながら仕事をするといった女性ならではの付加価値を持つ人が評価され、そうした人たちが身近に増えることが女性のモチベーションを高めることにつながる。

三つ目は、付加価値の高い創造的な仕事ができるようになるほど、働く場所や時間などの面で自由度が増えるからだ。極端な例を挙げれば、管理職や

有識者等の立場になれば、打ち合わせの場所も時間もその人の都合が優先される。サポートする人材が必要なら、周囲の人が何とか手配してくれる。程度の差はあれ、社内で何らかの付加価値が認められれば、同じような自由度を手にすることができる。個人としてのキャリアプランも描き易くなるはずだ。

そこで重要になるのは、どのようにすれば付加価値が高く創造的な仕事ができるようになるかだ。人事評価やツールであるテレワークについては、前述した通りであるが、創造的な仕事ができる人材を育成するための支援も必要である。

筆者が在籍する日本総合研究所創発戦略センターは、これまで20年以上にわたり、ベンチャービジネスを含む新しい事業の立ち上げ、新しい社会の仕組みづくりを手掛けてきた。その過程で、多くの有識者や事業家も輩出してきた。一方で、こうした実績を上げた先輩達を前に自信を失う若者も少なくない。そこで、数年前から、どのようにすれば付加価値が高く創造的な仕事ができる人材を育てられるか、という問題意識の下に、東京大学と共同で創造的な人材の育成方法を研究、開発してきた。その過程で分かったのは、付加価値が高く創造的な仕事を成し得た人には、そこに至るまでのプロセスと持つべき素養に一定の共通性があり、当該の素養を鍛えることが可能なのではないか、ということだ。

こうした理解を前提に同社は、付加価値が高く創造的な仕事をするための素養を鍛えるプログラムを開発した。詳細を語るだけの紙面はないが、その要点は二つだ。

まずは、求められる素養を明らかにし、それをいくつかの機能に分解し、各々の機能を鍛えることである。我々は、付加価値が高く創造的な仕事してきた実績のある人の足跡を分析し、5つの素養を見出した。

一つ目は、世の中の動きや面白いものに反応するための感性である（何にも反応しない人から付加価値の高い仕事は生まれない）。二つ目は、世の中に色々な情報を組み合わせて、自分なりの仮説やストーリーを構築できる能力である（新しい商品や事業の始まりは情報の連鎖である）。三つ目は、仮説やストーリー作りの基盤となり、それらにその人なりの個性を宿らせる基となる価値観である（価値観によって事業や商品の方向性は異なる）。四つ目は、仮説やストーリーを商品に仕上げるためのその人なりの技術である（新しい事業はその人の強みを活かしたものになる）。そして五つ目は、新しい

事業に一歩踏み出す際の力となるその人なりの経験である（成功体験だけでなく、何か耐えた経験などが第一歩の背景にある）。素養開発プログラムでは、こうした5つの機能を刺激するトレーニングメニューを提供し、プログラムに参加した人達で実行してもらう。

　次に必要なのは、自分自身の状態に対する認識を高めることである。ここでは付加価値と創造性のための素養に関する自己評価と最新技術を使った脳の状態分析を行う。前者については、心理学などで蓄積されたノウハウを使った質問票への答えを分析することで被験者の状態を相対的に評価する。5つの素養に関する自分の位置づけに関する認識をもってもらうことが重要と考えている。後者については、先端技術を用いて、ヘッドギアにつけられた十数個のセンサーで脳の血流を計測し、発想を引き出す際の脳の状態のイメージを持つ。これはマインドワンダリングと呼ばれ、集中することばかり求められる現在の教育では軽視されている状態だ。

　こうした素養開発トレーニング、自己認識のための計測に若干の座学を加えた2、3日のプログラムを受けてもらい、数か月後のフォローで定着の程度を確認する。3年間にわたる研究と20年以上に及ぶ日本総合研究所のインキュベーション事業の経験と東京大学の高い専門性により開発したメニューなので、継続すれば必ず何らかの効果があると考えている。何よりも重要なのは、付加価値が高く創造性のある仕事がしたいと思い、そのために何が必要かを考え、必要な素養を身に着けようと思う姿勢である。そうした姿勢が女性の仕事の付加価値を一層高め、新たな可能性を拓き、活躍の機会を増やすだけでなく、仕事との生活についても新たなバランスを見出すことにつながるはずだ。付加価値と創造性を求める女性が増えることは、男性を含めた日本のビジネスマンの働き方にも新たな改革をもたらすものと信じている。

コラム

・男性管理職が望む将来の働き方

　株式会社日本総合研究所「男性管理職の意識調査」(2015)では、男性管理職に対して、会社に求める制度(調査対象：40代、50代の男性管理職)を尋ねたところ、最も多かった制度は、「業務量や働く時間を調整できる仕組み」(41.7%)、つづいて「副業・兼業規定の緩和・容認」(34.3%)である。出世・昇進をし、管理職として活躍している男性においても、多様な働き方を望んでいる状況が窺える。

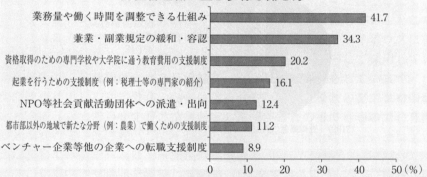

男性管理職が望む多様な働き方

出所：株式会社日本総合研究所「男性管理職の意識調査」(2015)

コラム

・部門毎の男女の配置状況

厚生労働省「平成28年度雇用均等基本調査」によれば、部門別の男女の配置状況で、各部門とも「いずれの職場にも男女とも配置している」と回答した企業割合が高くなっている。しかし、「男性のみ配置の職場がある」割合については、「営業」が44.6％と最も高く、次いで「生産、建設、運輸」が40.7％となっており、「女性のみ配置の職場がある」割合が高いのは、「人事・総務・経理」の28.2％である。女性の活躍推進のためには、女性従業員数を増やすだけではなく、様々な部門で活躍できる女性が増えることが期待される。

部門別の男女配置状況

部門	いずれの職場にも男女とも配置	女性のみ配置の職場がある	男性のみ配置の職場がある
人事・総務・経理	67.5%	28.2%	5.0%
企画・調査・広報	72.0%	7.3%	21.1%
研究・開発・設計	62.6%	3.0%	34.9%
営業	53.8%	1.8%	44.6%
販売・サービス	72.0%	11.3%	17.9%
生産、建設、運輸	57.4%	2.6%	40.7%

出所：厚生労働省「平成28年度雇用均等基本調査」

コラム

・介護問題への対応

「平成26年度　仕事と介護の両立支援事業　社内アンケート（事前）」（株式会社wiwiw・厚生労働省委託事業）によれば、介護に関する具体的な負担として、「公的介護保険制度の仕組がわからないこと」（53.3%）、つづいて「介護がいつまで続くかわからず、将来の見通しを立てにくいこと」（52.2%）が挙げられている。介護について、知識が不足していることが負担を増やす原因になっていると想像できる。

企業としては、従業員に対して、介護に関する情報提供を充実させることが必要である。イントラネットの充実や社内セミナーの実施等を通じて、自治体が発行する介護保険制度の冊子を入手し、介護保険・介護サービスの概要を知っておくことや、インターネットや書籍などを活用して情報収集することを推奨しておくことで、介護に直面した際に従業員の不安を軽減させる効果が期待される。

（参考文献：「介護離職しない、させない」和氣美枝（著）毎日新聞出版）

コラム

・中期経営計画への位置付け

　東証１部上場企業が発表した中期経営計画を株式会社日本総合研究所が独自に調査したところ、女性活躍を位置付ける企業が増えていることが明らかになった。具体的には、2007年から2009年の間に中期経営計画において女性活躍推進を述べている企業はわずか13社、2010年から2012年の３ヵ年でもわずか19社だったのに対し、2013年から2015年の３ヵ年では90社へと急増している（※）。90社の業種別内訳は、銀行業が最も多く32社となっており、建設業10社、サービス業９社、小売業８社が続いている。女性の活躍を経営上の重要な課題と捉えている状況が窺える。

（※）2015年10月末時点において東証１部に上場している全企業を対象に、2007年１月から2015年11月末までに発表された中期経営計画の内容を調査したもの（2015年12月分は集計に含まれていない）。

中期経営計画において、女性活躍推進について言及している企業数の推移

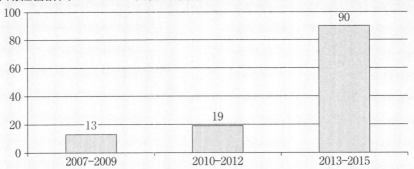

出所：株式会社日本総合研究所

編集協力
株式会社日本総合研究所
リサーチ・コンサルティング部門　井上　理、榎本　久代
広報部　上仲　麻紀子
創発戦略センター　岡元　真希子、沢村　香苗、橋爪　麻紀子、長谷　直子、村上　芽

執筆者
小島　明子（こじま　あきこ）
株式会社日本総合研究所　創発戦略センター／ESGリサーチセンター
ESGアナリスト

　1976年東京都生まれ。1999年日本女子大学文学部卒業、2011年早稲田大学大学院商学研究科修了（経営管理修士）。金融機関を経て、2001年に株式会社日本総合研究所入社。環境・社会・ガバナンス（ESG）の観点からの企業評価業務に従事。その一環として、女性を含む多様な人材の活躍推進に関する調査研究、企業向けの女性の活躍や働き方改革推進状況の診断を行っている。2016年4月から現在まで、プレジデント・オンラインで連載。

監修者
井熊　均（いくま　ひとし）
　株式会社日本総合研究所　専務執行役員　創発戦略センター所長
　1958年東京都生まれ。1981年早稲田大学理工学部機械工学科卒業、1983年同大学院理工学研究科を修了。1983年三菱重工業株式会社入社。1990年株式会社日本総合研究所入社。1995年株式会社アイエスブイ・ジャパン取締役。2003年株式会社イーキュービック取締役。2003年早稲田大学大学院公共経営研究科非常勤講師。2012年官民競争入札等監理委員会委員。2006年株式会社日本総合研究所執行役員。2017年専務執行役員。環境・エネルギー分野でのベンチャービジネス、公共分野におけるPFIなどの事業、中国・東南アジアにおけるスマートシティ事業の立ち上げなどに関わり、新たな事業スキームを提案。公共団体、民間企業に対するアドバイスを実施。公共政策、環境、エネルギー、農業などの分野で60冊以上の書籍を刊行するとともに政策提言を行う。

女性発の働き方改革で男性も変わる、企業も変わる

2018年4月24日

著 者 小島 明子
発行者 平 盛之

㈱産労総合研究所
発行所 出版部 経営書院

〒112-0011
東京都文京区千石4-17-10 産労文京ビル
電話 03（5319）3620 振替 00180-0-11361

落丁・乱丁はお取替えいたします 印刷・製本 勝美印刷㈱
ISBN978-4-86326-257-7